De UNKILLABLES

JO LAMBELL

40 ONVERWOESTBARE KAMERPLANTEN VOOR IEDEREEN ZONDER GROENE VINGERS

JO LAMBELL

De UNKILLABLES

FONTAINE UITGEVERS

INLEIDING 06

DEEL 1

Van start 10

Quiz: zoek je soulmate	12
Planten-in-kaart	14
Basisspullen	16
Plantenfamilies	18
Plantplekken	20
Seizoensperikelen	22
Verpotten	24
Snoeien	26
Vermeerderen	28
Onderhoud	30
Op vakantie	32

DEEL 2

De planten 34

Tiengebodenplant	38
Sanseveria	40
Zamioculcas	42
Kentiapalm	44
'Mikado'-sanseveria	46
Blauwvaren	48
Yucca	50
Vriesea 'Astrid'	52
Zaagcactus	54
Mexicaanse dwergpalm	56
Drakenklimop	58
Bonsai-ficus 'Ginseng'	60
Aloë vera	62
Spiraalcactus	64
Wasbloem	66
Vingerplant	68
Kwartjesplant	70
Echeveria	72
Klimop	74
Rotskoraal	76

Sanseveria 'Victoria'	78
Goudpalm	80
Vredespalm	82
Vetkruid	84
Afrikaanse melkboom	86
Graslelie	88
Schijfcactus	90
Croton	92
Olifantspoot	94
Pilosocereus	96
Draken(bloed)boom *(Dracaena steudneri)*	98
Schoonmoedersstoel	100
Dieffenbachia	102
Haworthia	104
Lepelplant	106
Crassula	108
Calathea	110
Philodendron	112
Draken(bloed)boom *(Dracaena marginata)*	114
Nestvaren	116

DEEL 3

Planten-SOS 118

EERSTE HULP	120
PLANTENTRUCJES	122
WOORDENLIJST	124
DANKWOORD	126
OVER JO LAMBELL	127

Inleiding

Ben jij een plantenmoordenaar? Ik was er wel een. Ik kocht drie mooie, exotisch uitziende kamerplanten en wist ze allemaal om zeep te helpen met een dodelijke mix van overijverig water geven en betutteling. Ik wilde ze wanhopig graag in leven houden en had geen idee wat ik verkeerd deed. Dus deed ik wat iedere zichzelf respecterende volwassene zou doen: ik belde mijn moeder. Gewapend met de door haar overgebrachte basiskennis en -vaardigheden kreeg ik genoeg vertrouwen om het opnieuw te proberen, en ditmaal met succes! Voor het eerst slaagde ik erin een vetplant in leven te houden.

Spoelen we door naar een paar jaar later, dan herken je me niet meer terug. Nu ben ik degene die elke dag vragen krijgt over planten. Ik was dus niet de enige onvrijwillige plantenmoordenaar...

Jij hebt dit boek gekocht (of gekregen), dus waarschijnlijk wil jij ook graag je plantenvrienden in leven houden. Het is daarom echt de moeite waard om te leren begrijpen waarom jouw kamerplanten het loodje leggen. Als ze het goed doen, hebben planten zoveel toe te voegen aan je leven: ze kunnen je huis omtoveren tot een geweldige groene ruimte, jou iets geven om te verzorgen en te vertroetelen en ze zijn ook nog goed voor je gezondheid.

Ik ben hier om de angst voor het onbekende weg te nemen en je te helpen alle skills te ontwikkelen die je nodig hebt om je plantenvrienden in leven te houden, ook als je geen groene vingers hebt. Planten kunnen behoorlijk intimiderend zijn – met hun moeilijke Latijnse namen, complexe terminologie en 'als je naar me kijkt verwelk ik al'-reputatie – dus kun je het best beginnen met robuuste, vergevingsgezinde exemplaren om wat zelfvertrouwen op te bouwen. (Als je niet zeker weet welke planten dat zijn, zoek dan je groene soulmate met de quiz op blz. 12. Kijk ook even naar Planten-in-kaart op blz. 14).

In dit boek wandel ik met je langs de basics van verzorging – licht, water, locatie – en vertel ik je wanneer je je planten moet verpotten (spoiler: niet in de winter) en wat je moet doen als het misgaat. Ik laat je kennismaken met verschillende niet-dood-te-krijgen planten. Er zijn talloze fantastische planten die eruitzien alsof ze heel moeilijk zijn maar die juist goed bestand zijn tegen verwaarlozing, of sterker nog: die daar zelfs beter op gedijen (ja, ik bedoel jou, drakenklimop), dus verspil geen tijd meer aan de echt lastige klanten.

Ik beloof je: tegen de tijd dat je dit boek uit hebt, ben je een ex-plantenmoordenaar vol zelfvertrouwen, net als ik.

DEEL 1

Van start

QUIZ: ZOEK JE SOULMATE
PLANTEN-IN-KAART
BASISSPULLEN
PLANTENFAMILIES
PLANTPLEKKEN
SEIZOENSPERIKELEN
VERPOTTEN
SNOEIEN
VERMEERDEREN
ONDERHOUD
OP VAKANTIE

QUIZ
Zoek je soulmate

Heb je hulp nodig bij het zoeken naar de perfecte plant voor jou?
Tel je antwoorden op en je zult je groene soulmate vinden.

Hoeveel planten heb je?	**A** Een paar	**B** Veel	**C** Eén	**D** Nog geen enkele

Heb je al eens een dode plant gehad?	**A** Ja, mijn killing-ratio is 50:50	**B** Mijn planten doen het meestal prima	**C** Heel, heel vaak	**D** Dit is mijn eerste poging

Hoe zou je je stijl definiëren?	**A** Maximalistisch	**B** Scandinavisch	**C** Boho	**D** Minimalistisch

Waar wil je je plant neerzetten?	**A** Kantoor/werkkamer	**B** Slaapkamer	**C** Badkamer	**D** Woonkamer

Welk formaat zoek je?	**A** Hoe groter, hoe beter	**B** Klein maar fijn	**C** Lang en rankend	**D** Iets ertussenin graag

Van start

Voorkeuren voor bladvorm?

A	B	C	D
Groot en opvallend	Kleurrijk en interessant	Golvend, niet te gelijkvormig	Eigenzinnig en verrassend

Hoeveel aandacht wil je aan je plant besteden?

A	B	C	D
Ik vertroetel mijn plant graag de hele tijd	Ik ben bereid er tijd in te steken	Ik zal proberen hem vaker water te geven, maar ik beloof niks!	De kans is groot dat ik hem vergeet, dus weinig aandacht

Welke superkracht moet hij hebben?

A	B	C	D
Luchtzuiverend	Uit zichzelf bewegende bladeren	Snelgroeiend	Niet dood te krijgen

VOORAL A'S
Een plant uit de palmenfamilie zou perfect voor jou zijn. Je wilt een grote blikvanger met maximaal effect. Nodig een kentiapalm (blz. 44) uit in je huis en geniet meteen van de goede *vibes*. De kentia is een blikvanger voor elke kamer en hij gedijt ook op plekken waar andere het juist moeilijk hebben, zoals in de gang of een donkere hoek. Hij is ook nog luchtzuiverend en vergevingsgezind – een droomplant!

VOORAL B'S
Probeer een plant uit de *Calathea*- of *Maranta*-familie. Met hun lichte, elegante bladeren zorgen ze in elke kamer voor een interessant accent en een regenwoud-*vibe*. De elegante tiengebodenplant (blz. 38) maakt iedere plantenverzorger blij. Zijn schitterende bladeren gaan 's nachts dicht als handen voor een gebed. Hij is ideaal om een slaapkamer mee op te leuken.

VOORAL C'S
We veroordelen je niet hoor, maar mogelijk ben je een plantenseriemoordenaar. Geen probleem! Ook ben je vrij ongeduldig en wil je een plant die je beloont met enige groei nadat je hem wat (minimale) aandacht hebt geschonken. De drakenklimop (blz. 58) is jouw plant! Die stelt weinig eisen en groeit snel – soms wel 30 cm in een maand tijd! En hij neemt geen kostbare vloerruimte in: zet hem gewoon op een boekenplank.

VOORAL D'S
Als kamerplanten totaal onbekend terrein voor je zijn, zit je met een sanseveria (blz. 41) wel goed. Dit is een heel relaxte plant, die tot zijn recht komt in minimalistische interieurs en daar zorgt voor textuur en vloeiende lijnen. Dit is waarschijnlijk de sterkste plant van dit boek. Bijna niet dood te krijgen en de perfecte manier om kennis te maken met je plantenverzorgende kant!

KIJK OP DE BLADZIJDEN HIERNA OM PLANTEN TE VINDEN DIE AAN AL JE WENSEN VOLDOEN.

Van start

Planten-in-kaart

Plant		Max. formaat			Veilig voor kind en dier
		Tot 50 cm	Tot 1 m	Meer dan 1 m	
Tiengebodenplant	blz. 38	√			√
Sanseveria	blz. 40			√	
Zamioculcas	blz. 42			√	
Kentiapalm	blz. 44			√	√
'Mikado'-sanseveria	blz. 46		√		
Blauwvaren	blz. 48		√		√
Yucca	blz. 50			√	
Vriesea 'Astrid'	blz. 52	√			√
Zaagcactus	blz. 54		√		√
Mexicaanse dwergpalm	blz. 56			√	√
Drakenklimop	blz. 58			√	
Bonsai-ficus 'Ginseng'	blz. 60		√		
Aloë vera	blz. 62		√		
Spiraalcactus	blz. 64			√	√
Wasbloem	blz. 66		√		
Vingerplant	blz. 68			√	√
Kwartjesplant	blz. 70		√		√
Echeveria	blz. 72	√			√
Klimop	blz. 74		√		
Rotskoraal	blz. 76		√		
Sanseveria 'Victoria'	blz. 78		√		
Goudpalm	blz. 80			√	√
Vredespalm	blz. 82		√		
Vetkruid	blz. 84		√		√
Afrikaanse melkboom	blz. 86			√	
Graslelie	blz. 88		√		√
Schijfcactus	blz. 90		√		
Croton	blz. 92		√		
Olifantspoot	blz. 94			√	√
Pilosocereus	blz. 96			√	√
Drakenboom	blz. 98			√	
Schoonmoedersstoel	blz. 100	√			√
Dieffenbachia	blz. 102			√	
Haworthia	blz. 104	√			√
Lepelplant	blz. 106	√			
Crassula	blz. 108	√			
Calathea	blz. 110		√		√
Philodendron	blz. 112			√	
Drakenboom	blz. 114			√	
Nestvaren	blz. 116		√		√

Luchtzuiverend	Lichtbehoefte		Watergift			Verzorgingsniveau
	Licht, indirect	Schaduw is prima	Vrij vaak	Alleen indien droog	Sproeien nodig	0 = laag; 10 = hoog
√	√		√		√	5
√	√	√	√			1
√	√	√	√			3
√	√	√	√			4
√	√	√		√		2
√	√	√	√			6
√	√	√	√			4
√	√		√		√	6
	√			√	√	4
√	√	√	√		√	3
√	√		√		√	7
√	√		√			3
√	√			√		3
	√			√		2
√	√		√		√	6
√	√		√		√	6
√	√	√	√			2
	√			√		3
√	√		√		√	5
	√		√			4
√	√		√			5
√	√		√			7
√	√		√			7
	√		√			4
	√			√		5
√	√		√		√	4
	√		√	√		4
√	√		√		√	7
	√			√		5
	√		√			3
√	√	√	√		√	7
	√			√		2
√	√		√		√	5
	√			√		2
√	√		√			4
	√			√		1
√	√		√		√	8
√	√		√			5
√	√		√		√	7
√	√		√		√	8

Basisspullen

Voordat je begint aan je ontdekkingsreis door de kamerplantenwereld zijn er enkele spullen die je minimaal nodig hebt.

POTTEN

Het uitzoeken van potten is al bijna net zo leuk als het uitzoeken van nieuwe planten. Je kunt je groene maatjes op allerlei manieren huisvesten, van macraméhangers tot enorme geweven manden, chique metallic potten en alles daartussen. Zorg wel dat je plant er inclusief binnenpot in past, vanwege de drainage. Verpot je plant NIET meteen naar een veel grotere nieuwe binnenpot, want hij zal dan moeite hebben de voedingsstoffen op te nemen. Kies bij verpotten voor een pot die aan alle kanten slechts 1-2 cm groter is dan de pot waar je plant uit komt.

POTGROND

Zorg dat je altijd een zak potgrond achter de hand hebt – die heb je nodig bij het verpotten. Gewone universele potgrond is prima, maar voor planten uit de vetplant- of cactusfamilies kun je beter speciale cactuspotgrond nemen.

PLANTENSPUIT EN GIETER

Misschien is het verleidelijk om gewoon een drinkglas of een oud jampotje te gebruiken om je nieuwe maatjes van vocht te voorzien, maar met een gieter heb je meer controle. Ook is een plantenspuit het geld waard: daarmee kun je op een geweldige manier de luchtvochtigheid verhogen door regen na te bootsen. De meeste planten doe je een plezier met een wekelijkse sproeibeurt in de warmere maanden.

SCHAAR Net als wij mensen hebben je planten af en toe een knipbeurt nodig (blz. 26)! Investeer in een scherpe snoeischaar om een slordige wasbloem (blz. 66) wat te fatsoeneren of om de droge, bruine uiteinden van een kentiapalm (blz. 44) te verwijderen. Koop een snoeischaar van goede kwaliteit en houd hem schoon zodat hij geen ziekten kan verspreiden. Dit wordt ook je nieuwe beste vriend als je begint met vermeerderen.

STOFDOEK Hoewel de planten in dit boek heel sterk zijn en weinig onderhoud vragen, vinden vooral grootbladige exemplaren het fijn als je hun bladeren om de paar weken afstoft. De stofdeeltjes die erop achterblijven kunnen hun poriën verstoppen, wat de fotosynthese bemoeilijkt. Veeg de bladeren daarom zachtjes af met een droge of vochtige doek.

Plantenfamilies

Hier laat ik je kennismaken met enkele van de meest voorkomende plantenfamilies. Net als je eigen familieleden zijn er binnen een plantenfamilie geen twee soorten hetzelfde, maar ze hebben vaak wel gemeenschappelijke kenmerken. Planten uit dezelfde familie hebben vergelijkbare behoeften en houden van vergelijkbare omstandigheden, dus zodra je een klik hebt met een plant, kun je hun broertjes en zusjes ook eens proberen!

VETPLANTEN

Vetplanten staan bekend om hun mooie, vlezige bladeren en zijn om meerdere redenen erg populair, maar vooral omdat ze zo moeilijk dood te krijgen zijn, wat ze tot de perfecte beginnersplant maakt. Deze slimme kleine planten slaan water op in hun bladeren en gebruiken het wanneer ze het nodig hebben; daarom hoef je ze maar weinig water te geven. Ze houden van de zon en gedijen op een zonnige vensterbank of een hangplankje. Iedere plantencollectie zou minimaal een of twee vetplanten moeten bevatten.

Probeer: echeveria (blz. 72), vetkruid (blz. 84), haworthia (blz. 104), crassula (blz. 108)

CALATHEA'S EN MARANTA'S

Deze familie staat bekend om haar vrolijke kleuren en interessante bladeren en is de nummer één qua looks. De planten houden van indirect licht en vochtige omstandigheden en zijn ideale badkamerplanten. Sommige leden van deze familie kunnen een beetje lastig zijn, maar scheer ze niet allemaal over één kam; alleen de sterkste staan in dit boek om mee van start te gaan. Wekelijks sproeien is de sleutel tot een goede verzorging voor deze variëteiten – die kennis heb je nu in the pocket!

Probeer: tiengebodenplant (blz. 38), *Calathea rufibarba* (blz. 110)

PALMEN

Voor een maximaal effect en minimaal onderhoud is een palm de perfecte plant voor jou. Met hun weelderige, groene, veerachtige bladeren transformeren palmen onmiddellijk elke kamer. Ze vragen weinig verzorging, wat bijdraagt aan hun aantrekkingskracht. Palmen gedijen waar andere planten het laten afweten, zoals op schaduwrijke plekken als een hal of in een andere ruimte met weinig licht.

Probeer: kentiapalm (blz. 44), Mexicaanse dwergpalm (blz. 56), goudpalm (blz. 80)

VARENS

Varens hebben de reputatie moeilijk te zijn – zelfs de meest ervaren binnenhuistuiniers schrikken terug voor sommige variëteiten. Maar niet alle varens zijn hetzelfde, en ik heb gekozen voor de sterkste schatjes om kennis mee te maken. Met zijn interessante, exotische bladeren is een varen een geweldige aanvulling op je plantenschare. Hij voelt zich vooral thuis in je keuken of badkamer, waar de luchtvochtigheid hoger is.

Probeer: blauwvaren (blz. 48), nestvaren (blz. 116)

CACTUSSEN

Dit is de ultieme niet-dood-te-krijgen plantenfamilie. Van de kleine, schattige, prikkende soorten tot de lange, golvende, doornloze exemplaren: er zijn enorm veel interessante variëteiten om uit te kiezen. En natuurlijk zijn ze heel gemakkelijk in de verzorging – ze passen zich overal aan en zullen het in vrijwel elke kamer doen.

Probeer: zaagcactus (blz. 54), spiraalcactus (blz. 64), rotskoraal (blz. 76), Afrikaanse melkboom (blz. 84), schijfcactus (blz. 90), schoonmoedersstoel (blz. 100)

Plantplekken

De perfecte plek voor je planten vinden is makkelijk: kijk gewoon naar het licht-, warmte- en vochtigheidsniveau dat je plant nodig heeft en creëer dan je eigen groene oase.

KEUKEN

Iedereen weet dat de keuken de spil van het huis is – de machinekamer die de familie brandstof geeft en die net zozeer als andere kamers een groene uitstraling verdient. Zet wat vetplanten (blz. 18) op rekken of wandplanken om de ruimte te pimpen en voeg iets interessants toe aan een ontbijtbar met een bonsai-ficus 'Ginseng' (blz. 60). Een kwartjesplant (blz. 70) in een geweldige pot staat ook te gek naast je kasten, en varens houden wel van een dampige ruimte. Zet je planten echter niet in de volle middagzon, want dan kunnen de bladeren verbranden.

WOONKAMER

Een van de makkelijkste kamers om met planten te vullen is de woonkamer, omdat de meeste planten hier wel gedijen (mits de lichtval goed is). De ideale temperatuur voor kamerplanten is 15-24 °C, en je zult ontdekken dat de woonkamer de stabielste temperatuur heeft. Hij biedt de perfecte gelegenheid om jezelf te omringen met groen: zet een grote kentiapalm (blz. 44) in de hoek van de kamer, laat een wasbloem (blz. 66) van de boekenplank af kronkelen, vrolijk je vensterbank op met een echeveria (blz. 72) of zet een lepelplant (blz. 106) op je salontafel. Je zult zien: zodra je bent begonnen, kun je niet meer stoppen!

KANTOOR

Of je bureau nu thuis staat of in een kantoor, je kunt veel profijt hebben van een paar groene collegaatjes. Een schijfcactus (blz. 90) is een geweldige bureauvriend – jij focust je op je werk, en hij vindt het niet erg als je hem een tijdje vergeet. Sanseveria's (blz. 40) zijn goed in het wegnemen van vrije radicalen en verdragen ook weinig licht als je werkt op een plek met weinig natuurlijk licht. Of zet een tiengebodenplant (blz. 38) op je bureau – een fantastische manier om wat 'zen' te ervaren als je zijn blaadjes op en neer ziet gaan gedurende de dag.

SLAAPKAMER

Moeite om de slaap te vatten? Overweeg om, in plaats van schaapjes te tellen, een paar kamerplanten in je slaapkamer te zetten. Groen kan je hartslag verlagen en het stresshormoon cortisol verminderen. En niet te vergeten: met een luchtzuiverende kamerplant kun je beter ademen.

Probeer: aloë vera (blz. 62), graslelie (blz. 88) of nestvaren (blz. 116) – allemaal staan ze hoog aangeschreven om hun luchtzuiverende eigenschappen.

BADKAMER

Je badkamer is de kas waarvan je niet wist dat je die had. Vaak is er minimaal natuurlijk licht en heerst er een hogere luchtvochtigheid, waardoor hier specifieke planten floreren. Laat een drakenklimop (blz. 58) op een plank of vensterbank of aan een gordijnroede bungelen; dat kost geen ruimte. Of zet een mooie drakenboom (blz. 114) bij het raam. Lepelplanten blz. 106) staan graag in vochtige grond, dus bevalt de damp in deze ruimte ze wel.

Van start

Seizoensperikelen

Hoewel de planten in dit boek 'niet dood te krijgen' zijn, is het wel belangrijk dat je ze het hele jaar door de juiste verzorging geeft met deze simpele seizoenstips.

Lente

MEER WATER

Sommige planten hebben een rustfase in de winter, waarin ze weinig water nodig hebben. Van nature is het begin van de lente een teken dat die fase ten einde is en de planten een nieuw groeiseizoen ingaan en dus vaker water nodig hebben.

DOOD BLAD AFKNIPPEN

Gebruik een scherpe schaar om eventuele bruine of gele bladeren af te knippen – dit zal verse nieuwgroei bevorderen en er zal dichter, weelderig blad aangroeien. Verwar nieuwgroei niet met oudere vergelende bladeren; ook nieuw blad heeft vaak een gele of limoengroene kleur en wordt na een tijdje donkerder.

VERPOTTEN EN VERVERSEN

Stimuleer je plant tot groeien en bloeien door zijn grond aan te vullen met nieuwe, voedselrijke potgrond. Dit is ook de tijd om verpotten naar een grotere pot te overwegen (blz. 24). Check de binnenpot om de kluit: als de wortels dicht op elkaar zitten of uit de pot puilen, is het tijd.

Zomer

REGELMATIG DRAAIEN

De zon schijnt! Zorg dat de stralen gelijkmatig verdeeld worden door je plant wekelijks te draaien, zodat alle zijden evenveel licht ontvangen. Als je de pot elke week een kwartslag draait, wordt je plant mooi vol en evenwichtig van vorm. Zo voorkom je dat hij topzwaar wordt en/of overhelt naar één kant.

HUP, NAAR BUITEN!

Trakteer (sommige van) je planten op een zomervakantie door ze in de zomer buiten te zetten. Graslelies (blz. 88), yucca's (blz. 50) en vele cactussen absorberen graag zonlicht. Vergeet alleen niet ze weer binnen te zetten zodra de temperatuur daalt.

LUCHTVOCHTIGHEID VERHOGEN

Planten die van een hoge luchtvochtigheid houden (vooral tropische als calathea's (blz. 111) en varens (blz. 49)) kun je het best in periodes van zomerwarmte regelmatig met water besproeien. Sproei ook onder bladeren zodat het water op de lagere, minder zichtbare bladeren valt.

Herfst

MINDER WATER

Je planten hebben tijdens de koelere maanden niet meer zo vaak een slokje nodig, omdat ze dan minder energie verbruiken. Laat de grond in deze periode iets meer uitdrogen tussen twee gietbeurten door. Sommige cactussen hoeven zelfs maar eens per maand water.

DROGE LUCHT VERMIJDEN

Als de temperatuur daalt, gaan de radiatoren en cv aan! Haal je planten weg bij deze warmtebronnen omdat de lucht daar erg droog wordt – ten minste 1 meter ervandaan.

MEER LICHT

Kortere dagen betekent ook minder natuurlijk daglicht voor je planten. Vensterbanken op het zuiden vangen meestal meer zonlicht, dus overweeg ze hier neer te zetten, of koop een kweeklamp om je aan de broodnodige lichtstralen te helpen.

Winter

GEEN VOEDING

Nu is het tijd om te stoppen met meststoffen en om je planten hun winterslaap in te laten glijden. Verpotten en vermeerderen zijn klusjes voor de lente; je groene maatjes hebben nu rust nodig.

AFSTOFFEN

In een seizoen waarin daglicht al schaars is, verminderen stofdeeltjes de hoeveelheid licht die het oppervlak van je plantenbladeren bereikt nog eens extra, waardoor het extra lastig voor ze wordt om voedsel aan te maken. Verwijder vuil voorzichtig met een vochtige doek.

HOUD ZE WARM

Als de temperaturen onder de 10 °C duiken, kun je mogelijk zien dat je planten ervan te lijden hebben. Probeer ze ergens te huisvesten waar de temperatuur vrij constant is en dus niet te veel schommelt. Houd ze weg bij tochtige ramen; door de kou kunnen je planten in shock raken.

Verpotten

Verpotten is een essentieel onderdeel van je kamerplantenroutine, en het is niet zo moeilijk als je misschien denkt! Je groene maatjes moeten normaliter om de 12-18 maanden verpot worden, afhankelijk van hoe snel ze groeien. Als je merkt dat er wortels uit de onderkant van de pot groeien of dat de plant topzwaar is en makkelijk omvalt, zijn dit duidelijke tekenen dat je plant toe is aan een potmaatje méér. Lente markeert het begin van het groeiseizoen, en dat is de perfecte tijd om te verpotten. Verpot niet in een rustperiode, zoals in de winter, omdat zijn groei dan vertraagd is.

1. Niet te groot

Kies een nieuwe pot met een diameter van hooguit 3-5 cm meer dan de huidige pot waar je plant in staat. Kies maximaal twee potmaten groter, anders overstelp je de plant met grond en water die hij niet nodig heeft.

2. Voorzichtig verwijderen

Haal je plant voorzichtig uit zijn oude pot door hem ondersteboven of iets schuin te houden. Draai de plant om hem los te maken en geef een tik op de bodem zodat hij eruit glijdt.

3. De wortels herschikken

Kijk goed naar de wortels voor je de plant in zijn nieuwe pot zet. Snoei eventuele oudere wortels bij en trek ze met je vingers voorzichtig los en uit elkaar zodat ze naar de buitenkant groeien. Door dit te doen merkt je plant dat hij ruimte heeft gekregen om zich uit te strekken in zijn nieuwe pot.

4. Grond verversen

Verpotten draait niet alleen om een grotere pot, maar biedt ook de gelegenheid om wat nieuwe aarde toe te voegen en daarmee profiteert je plant van verse voedingsstoffen. Kies de juiste grond voor je plant. Voor de meeste planten is een universele, turfvrije potgrond het best. Kies voor cactussen wel speciale cactuspotgrond. Zet de plant in de nieuwe grond, op zo'n manier dat hij zelfstandig rechtop blijft staan. Heeft je nieuwe pot geen drainagegat, leg dan een laag kiezels op de bodem zodat er niet te veel water in blijft staan.

5. Veel water geven

Geef je plant grondig water om het proces van het verpotten af te ronden. Het is essentieel dat eventueel overtollig water uit de pot kan lopen zodra je plant genoeg water heeft opgenomen.

Snoeien

Kamerplanten hebben meer gemeen met mensen dan je misschien verwacht. Net als wij voelen zij zich graag top. Snoeien is een essentieel onderdeel van hun verzorgingsroutine – zie het als een haarknipbeurt voor planten. Knip eventuele dode of verkeerd groeiende stengels, bladeren en ranken weg om een gezonde nieuwgroei te bevorderen. Met snoeien kun je ook de vorm en het formaat van de plant in toom houden, zodat hij beter in je interieur past. Met andere woorden: het is een geweldige manier om te voorkomen dat je groene maatjes je huis overnemen!

    Snoei als het even kan aan het begin van het groeiseizoen, dus begin lente, zodat je plant kan floreren in warmere maanden met verse, sterke bladeren. Snoeien is belangrijk omdat beschadigde bladeren en stengels de energie van de plant laten wegvloeien, wat zijn groei vertraagt. Als er bladeren beschadigd zijn geraakt door ziekte, kan het helpen ze te verwijderen voordat de rest van de plant wordt aangetast.

    Het enige wat je hoeft te doen is je plant een goede knipbeurt geven met een scherpe, schone schaar. Stompe snijbladen kunnen resulteren in een lelijke snede, en een vuile schaar kan makkelijk ziekten of plagen overbrengen. Haal eerst eventuele dode of bruine bladeren weg. Knip wel met beleid; als ruwe richtlijn kun je een kwart van de bladeren afknippen.

    Heeft je plant stakerige stengels, knip dan terug tot vlak boven een knoop (waar het blad aan de stengel zit).
Je zult versteld staan hoe snel er nieuwgroei verschijnt! Wat (klimmende/hangende) ranken betreft: knip direct onder een blad, waardoor je plant er compact en vol blijft uitzien. Sommige planten, zoals drakenklimop (blz. 58), groeien vrij fanatiek richting de lichtbron, wat betekent dat ze te groot kunnen worden voor hun plek. Met snoei houd je ze in toom.

    Terwijl de meeste planten wel van een knipbeurt houden, willen sommige dit liever niet. Vetplanten en sanseveria's hebben maar heel weinig snoei nodig en hebben eerder te lijden van een onnodige knipbeurt, dus verwijder alleen het dode blad.

Vermeerderen

Vermeerderen is een lonend proces waarbij je stekken neemt van je bestaande plant om nieuwe plantenbaby's te produceren. Met andere woorden: je creëert nieuwe planten, gratis! En je hoeft geen expert te zijn om je groene familie uit te breiden.

Er zijn vele vermeerderingsmethoden, maar stekken van de stengel nemen werkt het best met planten die klimplantachtige ranken hebben, zoals drakenklimop (blz. 58) en philodendron (blz. 112). Graslelies (blz. 88) en zaagcactus (blz. 54) zijn ook supermakkelijk te vermeerderen.

1. Kies je stengel

Zoek een gezonde stengel waarvan je een stukje wilt afknippen en gebruik daarvoor een scherpe schaar, zodat je de stengel netjes kunt afknippen zonder de plant te beschadigen. Kies een stengel die weelderig groeit en waarop volop nieuwgroei en bladeren te zien zijn. Dit verzekert je ervan dat je de gezondste delen van je plant vermeerdert.

2. In water zetten

Vul een klein vaasje of een jampot met water en zet de stek erin, met het snijvlak onder. Zet het potje op een plek met volop indirect licht. En nu: wachten maar!

3. Houd een oogje in het zeil

Ververs het water zodra het nodig is, ongeveer elke week: enerzijds omdat er water verdampt en anderzijds om het water vers en fris te houden. Na 2-3 weken zou je kleine worteltjes moeten zien verschijnen. Wacht idealiter tot deze wortels 2,5 cm lang zijn voordat je het stekje uit het water haalt.

4. Pot je stek op

Nu is het tijd de stek te planten. Gebruik een kleine pot (circa 9 cm) en vul met een universele potgrond. Gebruik je vinger of een potlood om een gaatje in de grond te maken. Zet de stek met de nieuwe worteltjes in het gaatje en druk de grond eromheen goed aan. Geef water tot het aan de onderkant uit de gaten loopt en zet de pot dan 30 minuten op een schotel, tot het water er helemaal doorheen is getrokken en de stroom gestopt is. Zet je nieuwe plant op een droge plek met veel licht (niet in de zon) en houd zijn ontwikkeling goed in de gaten. De stek zal uiteindelijk uitgroeien tot een weelderige plant.

Onderhoud

Je zou geen gloednieuwe auto kopen en hem vervolgens nooit door de wasstraat halen – en datzelfde zou moeten gelden voor je planten! Zorg dat ze zich goed voelen en ze zullen er stralend uitzien. Hier enkele makkelijke tips om ze op te frissen.

AFSTOFFEN MAAR — De wasachtige textuur van sommige bladplanten kan een ware stofmagneet zijn. Stof is zeer schadelijk voor planten omdat het hun stomata (plantporiën) verstopt, wat een succesvolle fotosynthese en een goede groei tegenhoudt. Verwijder het voorzichtig met een vochtige doek. Gebruik geen glansspray, want die kan schadelijk zijn.

VLOEIBARE VOEDING — Help je planten tijdens het groeiseizoen een handje door ze te voorzien van wat extra voedingsstoffen in de vorm van plantenvoeding. Er zijn allerlei producten die je kunt oplossen in het gietwater. Probeer dit elke tweede gietbeurt te doen, maar alleen tijdens groeimaanden.

TERUGZETTEN — Zorg, als je je botanische schoonheden even van hun plek haalt, dat je ze ongeveer op dezelfde plek terugzet. De meeste planten houden niet van veel verhuizingen – ze zullen het je laten weten door hun bladeren te laten vallen. Om de paar maanden is prima. Om de week een kwartslag draaien is wél een goed idee, voor een evenwichtige groeiwijze.

Op vakantie

Of je nu op ski- of zomervakantie gaat of een tijdje bij vrienden of familie gaat logeren, er is altijd wel een moment dat je je kamerplanten langere tijd alleen moet laten. Geen zorgen, er zijn verschillende dingen die je kunt doen om ze tevreden te houden als de kat van huis is.

1. Geef ze een slokje

Je wilt natuurlijk zeker weten dat ze genoeg water krijgen terwijl jij weg bent. Geef ze om te beginnen flink wat water als je weggaat. Als het een wintervakantie is, hebben je planten sowieso niet veel water nodig en kun je de ijsblokjestruc (blz. 122) proberen.

2. Zet ze in bad

Dit klinkt misschien gek, maar laat het me uitleggen! Heb je planten die van een hoge luchtvochtigheid houden, overweeg dan oude handdoeken en kranten in water te weken, leg ze in de badkuip en zet je planten erop. Et voilà – drinkwater en luchtvochtigheid voor je groene vrienden.

3. Vraag een buur

Iedereen heeft baat bij een goede buur, ook je planten! Heeft je plantenfamilie wat meer zorg nodig, vraag dan een buur die je vertrouwt om af en toe even te kijken en water te geven. Dat doe je tenslotte ook voor je huisdier.

4. Geef ze een knipbeurt

Geef je planten voor je vertrek een snelle knipbeurt; knip eventuele dode bladeren af (blz. 22) aangezien dit de nieuwe bladaanmaak stimuleert en ze gezond houdt. Gooi bladafval weg en laat het niet op de aarde liggen. Schud de plant ook even voorzichtig uit.

5. Zet ze bij elkaar

Je planten zijn samen sterker; als je ze in een groep zet, gedijen ze beter. Zet tropische planten vlak bij elkaar zodat ze daar hun eigen microklimaat creëren met een hogere luchtvochtigheid en aangename warmte.

6. Probeer een kiezelschotel

Een geweldige manier om het vochtniveau te verhogen en de tijd tussen twee gietbeurten te verlengen is door een kiezelschotel te gebruiken. Bedek hiervoor een plantenschotel met kiezelsteentjes. Voeg water toe maar zorg dat de steentjes erbovenuit blijven steken – zo blijft je plant niet in water staan, maar heeft hij wel toegang tot vocht.

DEEL 2

De planten

Tiengebodenplant
MARANTA LEUCONEURA

Ah, de mooie tiengeboden- of gebedsplant. Het is een van de populairste kamerplanten, en terecht – kijk alleen maar eens naar die prachtige bladeren! Hij dankt zijn Nederlandse namen aan de manier waarop de bladeren platliggen gedurende de dagen en zich samenvouwen voor de nacht, als handen die zich sluiten voor een gebed. Cool, toch? Maranta's horen samen met calathea's bij de *Calathea*-familie. Ze hebben een beetje een diva-reputatie; toch stelt de tiengebodenplant verrassend weinig eisen aan zijn verzorging.

De plant is inheems in de regenwouden van Brazilië. Probeer daarom de omstandigheden van hun natuurlijke habitat na te bootsen door ze regelmatig te besproeien. Dit helpt ook te voorkomen dat de bladeren bruin worden en uitdrogen – een algemeen probleem van de tiengebodenplant. Hij zal redelijk tevreden zijn in een lichte badkamer waar hij profiteert van de douchedampen. Geef ongeveer eens per week water, houd de grond vochtig maar niet doorweekt en giet minder vaak gedurende de wintermaanden.

HOE HOUD JE ME GELUKKIG?

Licht
Ik houd van volop indirect licht

Veiligheid
Ik ben veilig voor mens en dier

Water
Geef water als de bovenste 5 cm grond droog aanvoelt

Formaat
Tot 30 cm

Luchtzuiverend
Ik verwijder de afvalstoffen in je kamer

JO'S TOPTIP
Deze plant kan wat gevoelig zijn voor chemicaliën die soms in kraanwater zitten; geef liever regenwater, dat een lagere pH heeft.

Sanseveria

SANSEVIERIA LAURENTII

Hoewel er veel robuuste planten in dit boek staan, spant de sanseveria de kroon: die is de sterkste van allemaal. De plant is bekend onder vele namen, variërend van vrouwentongen tot slangenblad en zwaardplant. Het is een ongelofelijk makkelijke plant, perfect voor beginners.

De sanseveria is een echte blikvanger met zijn langwerpige, bonte bladeren. Hij zorgt voor textuur en kleur in elke kamer waar je er een neerzet. Hij heeft niet veel water of licht nodig om te overleven, maar zijn bladeren hebben wel een wasachtige textuur en kunnen stof aantrekken, wat de fotosynthese hindert. Af en toe afstoffen zal de plant dan ook op prijs stellen.

De sanseveria staat het liefst aan de droge kant en kan vatbaar zijn voor wortelrot. Kijk dus uit voor een teveel aan water en zorg dat de pot goed afwatert. Laat je sanseveria nooit in water staan en je zult worden beloond met een gelukkige, gezonde kamerplant.

HOE HOUD JE ME GELUKKIG?

Licht ☼ Ik houd van volop indirect licht, maar verdraag ook wat schaduw	**Luchtzuiverend** Ik verwijder de afvalstoffen in je kamer
Water 💧 Geef water als de bovenste 5 cm grond droog aanvoelt	**Veiligheid** ⚠ Houd me buiten bereik van huisdieren en kleine kinderen
	Formaat ↗ Tot 1,2 m

JO'S TOPTIP

Zet deze plant in je slaap- of werkkamer, want hij slaat overdag zuurstof op en geeft die 's nachts vrij in de atmosfeer.

Zamioculcas

ZAMIOCULCAS ZAMIIFOLIA

Deze tropische plant heeft niet echt een Nederlandse naam maar wordt, net als in het Engels, weleens ZZ-plant genoemd, een makkelijker uit te spreken afkorting van zijn Latijnse naam. Hij komt oorspronkelijk voor in Zanzibar, Kenia en elders in Oost-Afrika, waar hij van een warm klimaat profiteert. Hij heeft het vermogen water op te slaan – goed nieuws voor nieuwkomers op plantengebied of plantenliefhebbers met een druk leven, want hij overleeft het als je eens vergeet water te geven.

Deze plant is met recht geliefd. Zijn glanzende bladeren reflecteren licht, fleuren elke kamer op en verzorgingsinstructies heeft hij vrijwel niet. Weinig licht? Daar redt hij zich wel mee. Weinig water? Ook geen probleem. Zijn enige echte wens is dat je regelmatig een doekje over hem haalt om te voorkomen dat stof de bladporiën blokkeert.

Heeft die almachtige zamioculcas dan nooit problemen? Niet echt, maar hij kan vatbaar zijn voor wortelrot als je hem te graag water geeft. Dan kan hij alsnog het loodje leggen door je te goede zorgen. En zie je donkere spikkels op zijn bladeren, dan kan dat een teken zijn van te veel zon, te veel water of een plaag, dus let op bij dit symptoom.

HOE HOUD JE ME GELUKKIG?

Licht
Ik houd van volop indirect licht, maar verdraag ook wat schaduw

Water
Geef water als de bovenste 5 cm grond droog aanvoelt

Luchtzuiverend
Ik verwijder de afvalstoffen in je kamer

Veiligheid
Houd me buiten bereik van huisdieren en kleine kinderen

Formaat
Tot 1,2 m

JO'S TOPTIP

Als je zamioculcas groter wordt en gaat hangen, gebruik dan zacht touw om de stengels bij elkaar te binden.

Kentiapalm
HOWEA FORSTERIANA

De kentiapalm is de GVR (Grote Vriendelijke Reus) van de plantenwereld. Zijn veerachtige bladeren spreken veel mensen aan. Koningin Victoria was zo dol op deze planten dat ze er in al haar huizen eentje had. En als hij goed genoeg is voor een koningin... Voor een nieuwkomer in de plantenwereld ziet de kentiapalm er misschien uit als een lastige klant, maar hij heeft juist een groot aanpassingsvermogen.

Het is een langzame groeier met een indrukwekkende spanwijdte, dus zorg dat hij de ruimte krijgt die hij verdient. Hij kan omgaan met heel weinig licht, wat hem tot de perfecte blikvanger in een donkere ruimte maakt, zoals de hal. Besproei hem regelmatig en je zult beloond worden met groei. Haal een vochtige doek over zijn bladeren om hem stofvrij te houden. Hij zal dan zijn luchtzuiverende superpower optimaal kunnen inzetten en gifstoffen verwijderen, zoals formaldehyde en ammoniak, die vaak in schoonmaakproducten zitten.

HOE HOUD JE ME GELUKKIG?

Licht
Ik houd van volop indirect licht, maar verdraag ook wat schaduw

Water
Geef water als de bovenste 5 cm grond droog aanvoelt

Luchtzuiverend
Ik verwijder de afvalstoffen in je kamer

Veiligheid
Ik ben veilig voor mens en dier

Formaat
Tot 2 m

JO'S TOPTIP
De bladeren van de kentiapalm kunnen bruin worden als de lucht te droog is of de plant meer water nodig heeft. Maar geef je te vaak water, dan zullen de bladeren gele puntjes krijgen.

'Mikado'-sanseveria
SANSEVIERIA BACULARIS MIKADO

Deze plant komt je vast bekend voor. Het is namelijk een compacte hybride van de klassieke sanseveria. Hij is vernoemd naar zijn grote, puntige bladeren: *bacularis* komt van het Latijnse woord *baculum*, wat 'stok' of 'staf' betekent. In de echte sanseveria-stijl is hij supersterk en weinig eisend en hij is ook nog eens een geweldige luchtzuiveraar.

Deze elegante plant wordt net als andere sanseveria's ook wel vrouwentongen, slangenblad of zwaardplant genoemd. Oorspronkelijk komt hij uit West-Afrika, dus is hij gewend aan droge omstandigheden. Geef hem daarom niet te veel water; de 'Mikado' wil graag dat de grond eerst uitdroogt voor je weer giet. Hij doet het ook vrij goed op beschaduwde plekken. Zet hem dus neer waar je maar wilt!

HOE HOUD JE ME GELUKKIG?

Licht	Luchtzuiverend
Ik houd van volop indirect licht	Ik verwijder de afvalstoffen in je kamer

Water	Veiligheid
Laat me uitdrogen tussen twee gietbeurten door	Houd me buiten bereik van huisdieren en kleine kinderen

Formaat
Tot 1 m

JO'S TOPTIP
Deze plant slaat water op in zijn bladeren; druk ze zachtjes in en als ze erg makkelijk meegeven, betekent dit dat je plant dorst heeft.

De planten

Blauwvaren

PHLEBODIUM AUREUM

De blauwvaren is een eigenaardig wezen, met zijn langwerpige blauwgroene bladeren en bruine rizoom. Deze plant is een epifyt, wat betekent dat hij in het wild vooral op andere planten en bomen groeit en in mindere mate direct in de grond. In zijn natuurlijke habitat kunnen zijn bladeren een lengte van wel 1,3 meter bereiken. Maar geen zorgen: in je huis wordt ie nooit zo groot.

Zet je varen op een lichte plek maar buiten bereik van direct zonlicht om de groei te bevorderen. Je kunt hem in de warmere maanden zelfs buiten zetten, maar vergeet hem dan niet weer binnen te zetten zodra de winter in aantocht is.

De blauwvaren houdt van een vochtige omgeving, net als in zijn oorspronkelijke omgeving, de tropische regenwouden van Zuid-Amerika. Sproei daarom regelmatig en zorg dat de grond vochtig, maar niet doorweekt is. Hij zal het gelukkigst zijn in de badkamer of keuken. Geef in de warme maanden wekelijks water, of wanneer de grond droog lijkt; geef minder in de wintermaanden.

HOE HOUD JE ME GELUKKIG?

Licht
Ik houd van volop indirect licht, maar verdraag ook wat schaduw

Water
Geef water als de bovenste 5 cm grond droog aanvoelt

Luchtzuiverend
Ik verwijder de afvalstoffen in je kamer

Veiligheid
Ik ben veilig voor mens en dier

Formaat
Tot 1 m

JO'S TOPTIP

Blauwvarens houden er niet van als je water rechtstreeks in het hart van de plant giet, dus geef water aan de zijkanten.

Yucca

YUCCA ELEPHANTIPES

De yucca (palmlelie) presteert op alle fronten. Hij is sterk, veerkrachtig en opvallend. Hij is inheems in Mexico. De yucca heeft karakteristieke zwaardvormige bladeren en blijft zonder ondersteuning toch stevig staan. Hoewel dit een langzaam groeiende plant is, kan hij binnenshuis uiteindelijk wel 3 meter hoog worden.

Er zijn zo'n 40 soorten in de *Yucca*-familie. Deze yucca is een van de weinige planten die direct zonlicht verdraagt, wat helpt om hem groter te laten groeien. Probeer niet te veel water te geven: zijn de wortels doorweekt, wacht dan met water geven tot de grond weer droog is en zorg voor een goede drainage.

Deze plant verdraagt enige onbedoelde verwaarlozing; zijn bladeren willen echter wel af en toe afgenomen worden met een vochtige doek om de poriën vrij te maken voor de fotosynthese.

HOE HOUD JE ME GELUKKIG?

Licht
Ik houd van volop indirect licht, maar verdraag ook wat schaduw

Water
Geef water als de bovenste 5 cm grond droog aanvoelt

Luchtzuiverend
Ik verwijder de afvalstoffen in je kamer

Veiligheid
Houd me buiten bereik van huisdieren en kleine kinderen

Formaat
Tot 2,5 m

JO'S TOPTIP

Yucca's zijn verrassend makkelijk te vermeerderen. Kijk op blz. 28 om te zien hoe je dat doet.

Vriesea 'Astrid'

VRIESEA 'ASTRID'

De vriesea is een van de algemeenst voorkomende leden van de bromeliafamilie. Hij bloeit 3-6 maanden per jaar, en op spectaculaire wijze. Laat je niet afschrikken door zijn veeleisend lijkende verschijning; hij is echt heel makkelijk te verzorgen.

Er zijn 250 variëteiten van *Vriesea* en deze plant komt oorspronkelijk voor in Zuid- en Midden-Amerika. Het is een epifyt in zijn eigenlijke habitat, wat betekent dat hij ondanks zijn neiging om op andere planten te groeien (in plaats van in aarde), hij ze geen schade toebrengt in dit proces.

Dit is een tropische plant. Hij stelt een hoge luchtvochtigheid en af en toe sproeien op prijs; wat je kunt proberen is je tropische planten bij elkaar zetten om de luchtvochtigheid op natuurlijke wijze te verhogen.

HOE HOUD JE ME GELUKKIG?

Licht
Ik houd van volop indirect licht

Veiligheid
Ik ben veilig voor mens en dier

Water
Geef water als de bovenste 5 cm grond droog aanvoelt

Formaat
Tot 50 cm

Luchtzuiverend
Ik verwijder de afvalstoffen in je kamer

JO'S TOPTIP

De vriesea doet het goed bij een raam op oost of west; vermijd wel direct zonlicht, want daardoor kunnen de bladeren verbranden.

Zaagcactus
EPIPHYLLUM ANGULIGER

Deze bijzondere, intrigerende cactus komt oorspronkelijk uit de regenwouden van Mexico en heeft uniek gevormde, lange, platte stengels die op een zaag lijken, of op een visgraat, waar zijn Engelse naam naar verwijst. Zijn stengels lopen eerst rechtop uit, maar naarmate ze langer worden, beginnen ze naar beneden te hangen.

Anders dan de gemiddelde, droogteminnende cactus maak je een zaagcactus juist blij met een regelmatige sproeibeurt en vochtige grond. Hij houdt van een hoge luchtvochtigheid en volop indirect licht. Wees niet verbaasd als de bladeren omhoog gaan staan: een teken dat hij tot aan zijn bladpunten gehydrateerd is!

Zijn superlange stengels kun je terugknippen als hij er wat stakerig uitziet. Normaliter zullen er nieuwe stengels uit de snoeiwond groeien, waardoor de plant weer voller oogt. Geef hem een hoge plek zodat zijn zigzagstengels naar beneden hangen, dan komt hij het mooist uit.

HOE HOUD JE ME GELUKKIG?

Licht
Ik houd van volop indirect licht

Veiligheid
Ik ben veilig voor mens en dier

Water
Laat me uitdrogen tussen twee gietbeurten door

Formaat
Tot 1 m

Voor jouw welzijn
Ik kan je helpen ontspannen en je stemming verbeteren

JO'S TOPTIP

Durf je het aan? Deze zaagcactus is een prima plant om te vermeerderen; snijd gewoon een stengel af en zet deze in water tot er worteltjes verschijnen. Zet de stek dan in potgrond. Je kunt het!

Mexicaanse dwergpalm

CHAMAEDOREA ELEGANS

Deze tropische plant is nog net zo populair als 150 jaar geleden: de victorianen waren er al dol op en dat zal voor jou ook gelden! De Mexicaanse dwergpalm staat bekend om zijn lange stengels en weelderige, groene, veerachtige bladeren, waardoor hij er niet alleen fantastisch uitziet maar ook een geweldige luchtzuiveraar is. De plant is inheems in de regenwouden van zuidelijk Mexico en heeft het vermogen om zich aan te passen aan vrij lage lichtniveaus en temperaturen. Als je hem binnen opkweekt, kan de Mexicaanse dwergpalm 1,2 meter hoog worden, maar hij groeit traag, dus verwacht dit niet al te snel.

De Mexicaanse dwergpalm houdt van vochtige omstandigheden en af en toe een sproeibeurt. Worden de bladpunten bruin, dan betekent dit dat de luchtvochtigheid niet hoog genoeg is. Ook verdraagt de plant enige verwaarlozing, al zou ik dat niet absoluut willen aanraden!

HOE HOUD JE ME GELUKKIG?

Licht
Ik houd van volop indirect licht, maar verdraag ook wat schaduw

Water
Geef water als de bovenste 5 cm grond droog aanvoelt

Luchtzuiverend
Ik verwijder de afvalstoffen in je kamer

Veiligheid
Ik ben veilig voor mens en dier

Formaat
Tot 1,2 m

JO'S TOPTIP

Dit is een langzaam groeiende plant, maar je kunt hem een handje helpen door plantenvoeding tijdens het groeiseizoen toe te voegen.

Drakenklimop

EPIPREMNUM AUREUM

De drakenklimop is een supersterke kamerplant die perfect is voor nieuwbakken verzorgers. Hij maakt lange ranken aan en ziet er dus mooi uit als hangplant. Zijn Nederlandse naam is een verwijzing naar zijn groeiwijze in het wild: omhoog tegen boomstammen en vaak in de schaduw.

De plant is bijna niet dood te krijgen, wat goed nieuws is voor eventuele seriemoordenaars op kamerplantengebied. Ben je hem een tijdje vergeten water te geven, geen zorgen: die troosteloze bladeren zullen weer opleven met een slokje water. Maar probeer hem liever wel wekelijks te begieten en regelmatig te sproeien, hoewel je minder vaak moet gieten in de wintermaanden. Het is een snelgroeiende plant die je gerust wat kunt bijknippen zodra zijn ranken te lang worden.

HOE HOUD JE ME GELUKKIG?

Licht ☼	**Veiligheid** ⚠
Ik houd van volop indirect licht	Houd me buiten bereik van huisdieren en kleine kinderen
Water 💧	**Formaat** ↗
Geef water als de bovenste 5 cm grond droog aanvoelt	Tot 2,5 m
Luchtzuiverend ≋	
Ik verwijder de afvalstoffen in je kamer	

JO'S TOPTIP

Dit is een van de makkelijkste planten om te vermeerderen. Kijk op blz. 28 om te zien hoe je dat doet.

Bonsai-ficus 'Ginseng'

FICUS GINSENG

Bonsai voor beginners? Haal deze ficus dan in huis. Dit lid van de moerbeifamilie, met zijn grote wortels en ovale bladeren, is te vinden in heel Zuid-Azië. Er zijn overal ter wereld meer dan 2000 variëteiten van *Ficus*-bomen. Deze beauty is meer dan een beauty: ginseng wordt al eeuwenlang in de Chinese geneeskunde toegepast als medicijn voor allerlei kwalen, van stress en vermoeidheid tot een zere keel. Zelf ben ik er al tevreden mee dat hij gewoon mooi staat te zijn in mijn huis.

Ik weet niet zeker of een plant oud en wijs kan zijn, maar de bonsai-ficus heeft deze uitstraling wel. De wortels worden vaak wel 15 jaar opgekweekt in gespecialiseerde kwekerijen.

Deze ficus is verder een eenvoudige plant die weinig eisen stelt. Van een warme plek en indirect zonlicht wordt hij het gelukkigst. Houd hem wel verre van tochtige, winderige plekken, want hij heeft een hekel aan kou.

HOE HOUD JE ME GELUKKIG?

Licht
Ik houd van volop indirect licht

Luchtzuiverend
Ik verwijder de afvalstoffen in je kamer

Water
Geef water als de bovenste 5 cm grond droog aanvoelt

Veiligheid
Houd me buiten bereik van huisdieren en kleine kinderen

Formaat
Tot 60 cm

JO'S TOPTIP

Wie zegt dat planten niet op vakantie kunnen? In de warmere maanden staat hij graag op een patio (zolang deze niet in direct zonlicht ligt). Let alleen op dat de temperatuur niet onder de 12-15 °C komt.

Aloë vera

ALOE BARBADENSIS

Ik ben dol op multitasken, en dat kan de aloë vera als de beste. Niet alleen is het een sterke, makkelijk te kweken plant, maar hij beschikt ook over fantastische helende krachten. In zijn stengels zit een doorzichtige gel met 75 gezondheidsbevorderende voedingsstoffen, perfect om verlichting te bieden bij insectenbeten, verbranding en zonnebrand.

In het wild kan de aloë vera 1 meter breed worden. Geen zorgen: in huis zal dat niet snel gebeuren. Hij kan wel erg zwaar worden, dus zet hem in een stevige pot.

Aloë vera is heel makkelijk in de verzorging en legt niet meteen het loodje als je het gieten een keertje vergeten bent. Snoeien is meestal niet nodig. Kijk uit dat je niet te veel water geeft, want als de grond voortdurend vochtig blijft, kunnen de wortels gaan rotten.

HOE HOUD JE ME GELUKKIG?

Licht
Ik houd van volop indirect licht

Water
Laat me uitdrogen tussen twee gietbeurten door

Luchtzuiverend
Ik verwijder de afvalstoffen in je kamer

Veiligheid
Houd me buiten bereik van huisdieren en kleine kinderen

Formaat
Tot 60 cm

JO'S TOPTIP

Zonder voldoende licht kan deze plant een rustfase ingaan en kunnen de bladeren gaan hangen. Als je een zonnige vensterbank hebt, zet hem dan daar neer: de sterke aloë is een van de weinige kamerplanten die direct zonlicht verdraagt.

Spiraalcactus
CEREUS FORBESII SPIRALIS

De spiraalcactus is inheems in Zuid-Amerika. Als kamerplant is het een echte blikvanger die heel weinig verzorging nodig heeft. Hij is gemakkelijk te herkennen aan zijn grote, gedraaide blauwgroene vorm. Elke cactus is perfect uniek. Hij begint uit zichzelf gedraaid te groeien zodra hij boven de 10 cm komt – je hoeft hem dus niet in die vorm te leiden. De spiraalcactus kan uiteindelijk meer dan 3 meter hoog worden, dus zet hem ergens waar hij de ruimte heeft om de lucht in te gaan!

Met de juiste plek en verzorging heb je misschien het geluk hem te zien bloeien in de zomermaanden. Hij stelt overigens weinig eisen aan die verzorging en is daardoor ideaal voor degenen met drukke levens of nieuwbakken plantenverzorgers. De enige gouden regel is simpelweg om niet te veel water te geven. Hij is droogtetolerant; geef hem pas water als de grond begint uit te drogen.

HOE HOUD JE ME GELUKKIG?

Licht
Ik houd van volop indirect licht

Veiligheid
Ik ben veilig voor mens en dier

Water
Laat me uitdrogen tussen twee gietbeurten door

Formaat
Tot 3 m

Voor jouw welzijn
Ik kan je helpen ontspannen en je stemming verbeteren

JO'S TOPTIP
Wordt je cactus stoffig? Gebruik een oud penseel of make-upkwastje om voorzichtig de spinnenwebben en het stof weg te vegen.

Wasbloem

HOYA LINEARIS

De prachtige wasbloem is de Rapunzel van de plantenwereld, perfect om ergens hoog neer te zetten om een waterval van lange, smalle blaadjes naar beneden te laten dwarrelen. Deze makkelijke plant kan wel 1 meter lang worden. In de juiste lichtsituatie zal hij je belonen met trossen crèmekleurige bloemen in lente en zomer, die volgens sommigen een citroenachtige geur hebben.

De wasbloem stelt verder weinig eisen aan zijn verzorging. Je kunt hem snoeien als je de lengte in de hand wilt houden en hem voller wilt laten worden. Hij houdt van regelmatig sproeien. Geef hem bij voorkeur iets vochtige maar zeker niet doorweekte grond, en vergeet niet om in de winter minder water te geven, als hij in zijn rustfase zit.

HOE HOUD JE ME GELUKKIG?

Licht
Ik houd van volop indirect licht

Water
Geef water als de bovenste 5 cm grond droog aanvoelt

Luchtzuiverend
Ik verwijder de afvalstoffen in je kamer

Veiligheid
Houd me buiten bereik van huisdieren en kleine kinderen

Formaat
Tot 1 m

JO'S TOPTIP

Als de bladeren wat beginnen te verschrompelen, is dit meestal een eerste teken van dorst.

Vingerplant
FATSIA JAPONICA

De vingerplant komt oorspronkelijk uit Japan, zuidelijk Korea en Taiwan. Hij houdt van een hoge luchtvochtigheid en heeft een hekel aan kou en wind. Het blad van de vingerplant heeft acht lobben. Daar komt zijn Latijnse naam vandaan: *fatsia* komt van het Japanse woord voor 'acht'.

 Er zijn zowel binnen- als buitenvariëteiten. Houd je eigen exemplaar gelukkig met regelmatig besproeien, maar wees voorzichtig met te veel water geven, want de plant is gevoelig voor wortelrot. Ook strekt hij zijn bladeren graag wijd uit, dus geef je vingerplant de groeiruimte die hij nodig heeft.

 Ik vergeef het je als je denkt dat deze tropisch ogende plant veel onderhoud vraagt. In werkelijkheid is de vingerplant heel makkelijk: zonder veel inspanning kan hij uitgroeien tot een indrukwekkend formaat. Hij verdraagt de meeste omstandigheden, maar om hem echt te laten floreren staat hij het liefst in een gelijke mix van zon en schaduw en niet op de tocht of in direct zonlicht.

HOE HOUD JE ME GELUKKIG?

Licht
Ik houd van volop indirect licht

Veiligheid
Ik ben veilig voor mens en dier

Water
Geef water als de bovenste 5 cm grond droog aanvoelt

Formaat
Tot 1,8 m

Luchtzuiverend
Ik verwijder de afvalstoffen in je kamer

JO'S TOPTIP
Voor een volle, symmetrisch groeiende plant kun je hem het best elke week een kwartslag draaien.

Kwartjesplant

ASPIDISTRA ELATIOR

De kwartjesplant spreekt een hoop mensen aan met zijn grote, donkergroene, spatelvormige bladeren. Hij vormt een blikvanger in elke kamer. Hij is heel gemakkelijk te verzorgen en verdraagt ook enige verwaarlozing. Hij doet het goed in schemerige hoeken en op andere plekken waar veel planten het laten afweten. Zelfs in een rokerig, smoezelig café zou hij nog in leven blijven, maar als hij toch wat licht vangt, is hij nog wat gelukkiger. Alleen direct zonlicht verdraagt hij niet: dat doet zijn bladeren verschroeien.

 Er valt niet zoveel verzorgingsadvies te geven, omdat deze plant zelfs nog gedijt in de handen van de onachtzaamste plantenverzorger en de donkerste hoek van je kamer. Wel kun je hem je liefde betuigen door zijn bladeren af te nemen met een vochtige doek zodat zijn poriën niet verstopt raken en de fotosynthese optimaal blijft, wat zijn groei ten goede komt. Verpot hem om de 4-5 jaar.

HOE HOUD JE ME GELUKKIG?

Licht
Ik houd van volop indirect licht

Veiligheid
Ik ben veilig voor mens en dier

Water
Geef water als de bovenste 5 cm grond droog aanvoelt

Formaat
Tot 90 cm

Luchtzuiverend
Ik verwijder de afvalstoffen in je kamer

JO'S TOPTIP

De kwartjesplant is een trage groeier, dus wees niet teleurgesteld als hij maar 1-2 nieuwe bladeren per jaar produceert – dat is normaal.

Echeveria

ECHEVERIA

Echeveria's zijn perfecte planten voor beginners omdat ze ongelofelijk makkelijk te verzorgen zijn en ook nog gedijen als je ze een tijdje verwaarloost. Ze groeien in een mooie rozetvorm en zijn inheems in Mexico en Midden- en Zuid-Amerika.

Deze woestijnplant behoort tot de vetplantenfamilie (Crassulaceae). Echeveria's groeien snel en produceren uitlopers met klonen als nageslacht. Superschattig zijn die miniplantjes!

De verzorging van deze vetplanten is heel simpel: geef ze volop indirect licht en niet te veel water. Minder is meer! Laat de grond altijd uitdrogen tussen twee gietbeurten door. Verder zal hij het op prijs stellen als je zijn bladeren regelmatig afstoft.

HOE HOUD JE ME GELUKKIG?

Licht ☼
Ik houd van volop indirect licht

Water ◊
Laat me uitdrogen tussen twee gietbeurten door

Voor jouw welzijn ♡
Ik kan je helpen ontspannen en je stemming verbeteren

Veiligheid ⚠
Ik ben veilig voor mens en dier

Formaat ↗
Tot 30 cm

JO'S TOPTIP

Maak je geen zorgen als de buitenste bladeren er ongelukkig uit beginnen te zien. Het is normaal dat de bladeren het dichtst bij de grond uiteindelijk verschrompelen en afvallen; dat is de natuurlijke cyclus van een vetplant.

Klimop

HEDERA HELIX

Je kent deze tijdloze klimmer misschien vooral van buitenshuis, maar ook binnen doet klimop het goed. Hij vraagt weinig verzorging en groeit snel. Hij is in huis ideaal als hangplant. Het woord *helix* in de plantennaam is een Griekse vertaling voor 'keren en draaien', wat een verwijzing is naar hoe de ranken draaien terwijl ze groeien.

Om je klimop gelukkig te houden heeft hij een lichte plek nodig, dus plaats hem ergens waar veel licht komt. Hij stelt bovendien een regelmatige sproeibeurt van zijn bladeren op prijs. Geef pas weer water als de grond uitgedroogd is. Doe bij twijfel de vingertest van blz. 121.

HOE HOUD JE ME GELUKKIG?

Licht
Ik houd van volop indirect licht

Water
Geef water als de bovenste 5 cm grond droog aanvoelt

Luchtzuiverend
Ik verwijder de afvalstoffen in je kamer

Veiligheid
Houd me buiten bereik van huisdieren en kleine kinderen

Formaat
Tot 1 m

JO'S TOPTIP

Je klimop gaat er misschien wat spichtig en stakerig uitzien door zijn zoektocht naar een lichtbron. Gebeurt dit, knip hem dan terug en zet hem dichter bij het licht.

Rotskoraal

RHIPSALIS BACCIFERA 'OASIS'

Rotskoraal of gewoon rhipsalis ziet er cool uit. Met zijn zigzaggende bladeren is hij een ware blikvanger. Hij is inheems in de regenwouden van Midden- en Zuid-Amerika en is een epifyt, wat betekent dat hij daar van nature op en rond bomen groeit. Zijn Latijnse naam is afgeleid van het oud-Griekse woord voor 'vlechtwerk', een verwijzing naar de vorm van de plant.

Om hem te laten gedijen moet je zorgen voor een goede afwatering: gebruik een pot met schotel en vul de schotel met wat kiezels waar je de pot op zet, zodat de plant nooit in water blijft staan. Hij staat het liefst op een warme, vochtige plek en is daarom een ideale badkamerplant.

Rhipsalis kan gevoelig zijn voor een teveel aan water (de wortels kunnen gaan rotten als ze te nat staan), dus geef pas water als de bovenste grondlaag droog aanvoelt. Deze plant zal het je laten weten als hij dorst heeft, want de bladeren zullen dan minder stijf worden.

HOE HOUD JE ME GELUKKIG?

Licht
Ik houd van volop indirect licht

Water
Geef water als de bovenste 5 cm grond droog aanvoelt

Voor jouw welzijn
Ik kan je helpen ontspannen en je stemming verbeteren

Veiligheid
Houd me buiten bereik van huisdieren en kleine kinderen

Formaat
Tot 55 cm

JO'S TOPTIP

Net als wij heeft deze cactus een regelmatige knipbeurt nodig! Als zijn uiteinden er droog uitzien, knip ze dan af om een gezonde groei te bevorderen.

Sanseveria 'Victoria'

SANSEVIERIA 'VICTORIA'

Wil je een opvallende blikvanger die tegelijk een minimalistische stijl heeft, dan is deze heel geschikt! Hij heeft slechts één blad, dat op een walvisvin lijkt – daarom wordt deze sanseveria ook wel 'Whale Fin' genoemd – en dat is meteen waar zijn aantrekkingskracht ligt.

Deze plant heeft een van de hoogste conversieratio's om kooldioxide om te zetten in zuurstof. Indrukwekkend! In het wild kan hij tot 4 meter hoog worden. Maar dat zal niet in één nacht gebeuren – deze plant is een langzame groeier.

Sanseveria 'Victoria' is makkelijk te verzorgen en verdraagt verwaarlozing. Zorg alleen dat je niet te veel water geeft, om wortelrot te voorkomen.

HOE HOUD JE ME GELUKKIG?

Licht
Ik houd van volop indirect licht

Water
Geef water als de bovenste 5 cm grond droog aanvoelt

Luchtzuiverend
Ik verwijder de afvalstoffen in je kamer

Veiligheid
Houd me buiten bereik van huisdieren en kleine kinderen

Formaat
Tot 90 cm

JO'S TOPTIP

Het blad van deze plant is zijn trots en vreugde, dus veeg hem af met een vochtige doek om een teveel aan stof te verwijderen. Gebruik geen glansspray, want die kan schadelijk zijn.

Goudpalm
DYPSIS LUTESCENS

Kijk voor dat thuis-op-vakantie-gevoel niet verder dan deze goudpalm. Deze weelderige plant lijkt op een palmboom en met zijn tropische *vibe* kun je je eigen paradijsje creëren. Hij wordt ook geprezen om zijn luchtzuiverende kwaliteiten.

Deze plant is inheems in de Malagassische tropen. Hij houdt van volop licht, maar zet hem niet in direct zonlicht, want dan kunnen zijn bladeren verschroeien. Deze plant kun je het best regenwater geven in plaats van kraanwater, want daar zitten soms chemicaliën in waar de plant niet van houdt. Wat verpotten betreft: de goudpalm is een langzame groeier en hoeft niet vaker dan om de 2-3 jaar te worden verpot; hij staat graag met zijn wortels in een gezellig krappe pot.

HOE HOUD JE ME GELUKKIG?

Licht
Ik houd van volop indirect licht

Veiligheid
Ik ben veilig voor mens en dier

Water
Ik houd van constant vochtige grond

Formaat
Tot 1,8 m

Luchtzuiverend
Ik verwijder de afvalstoffen in je kamer

JO'S TOPTIP

Als je merkt dat de bladeren bruin worden, kan dat een teken zijn dat hij te koud of tochtig staat of dat de lucht te droog is. Verplaats hem dan naar een warmere plek of besproei hem voor een hogere luchtvochtigheid.

Vredespalm
CYCAS REVOLUTA

De vredespalm is inheems in zuidelijk Japan. Het is een decoratieve plant met heldergroene, veervormige bladeren en scherpe punten die rond een centrale kegel staan. Ondanks zijn naam en verschijning is de vredespalm geen echte palmboom. Hij wordt wel gerekend tot de palmvarenfamilie (Cycadaceae), die al bestaat sinds prehistorische tijden. De vredespalm wordt zelfs wel een 'levend fossiel' genoemd.

Maak je geen zorgen dat de vredespalm je woonkamer gaat overheersen, want het is een langzame groeier en het duurt minstens vijf jaar voor hij een redelijk formaat heeft. Draai hem regelmatig een slag voor een evenwichtige groei.

De vredespalm vraagt weinig verzorging, maar wil wel graag regelmatig besproeid worden om zijn natuurlijke tropische omgeving na te bootsen. Stof hem af en toe af om de poriën te reinigen en de plant te helpen ademen. Houd je plant buiten bereik van direct zonlicht, want daarvan verschroeien zijn bladeren. Kies voor indirect licht.

HOE HOUD JE ME GELUKKIG?

Licht	Luchtzuiverend
Ik houd van volop indirect licht	Ik verwijder de afvalstoffen in je kamer
Water	**Veiligheid**
Geef water als de bovenste 5 cm grond droog aanvoelt	Houd me buiten bereik van huisdieren en kleine kinderen
	Formaat
	Tot 80 cm

JO'S TOPTIP
Welke plek in huis je ook kiest, zorg ervoor dat de vredespalm zijn bladeren kan uitstrekken. In warmere maanden kun je de plant zelfs buiten zetten.

Vetkruid

SEDUM MORGANIANUM

Vetkruid is een coole plant met buitenaards ogende, opvallende rankende stengels bedekt met gezwollen groene blaadjes. Hij is inheems in Zuid-Mexico en is een echte zonaanbidder. Van veel licht krijgt hij superpower en groeit hij veel sterker. Soms bloeit hij zelfs in de zomer: roze of rode stervormige bloemen die aan de uiteinden van de stengels verschijnen.

Deze plant wordt wel ezelstaart genoemd, omdat deze vlezige stengels omlaag bungelen als, je raadt het al, een ezelstaart! Het is een vetplant die water opslaat in zijn blaadjes.

Geef in de zomermaanden pas water als de grond droog aanvoelt. In de wintermaanden geef je minder vaak water.

HOE HOUD JE ME GELUKKIG?

Licht	Veiligheid
Ik houd van volop indirect licht	Ik ben veilig voor mens en dier

Water	Formaat
Geef water als de bovenste 5 cm grond droog aanvoelt	Tot 90 cm

Voor jouw welzijn
Ik kan je helpen ontspannen en je stemming verbeteren

JO'S TOPTIP

Wees voorzichtig! De stengels van deze plant zijn teer en zijn blaadjes breken snel af als je hem verplaatst, maar met die gevallen blaadjes kun je hem wel makkelijk vermeerderen.

Afrikaanse melkboom

EUPHORBIA TRIGONA CACTUS

Deze uniek ogende plant heeft dan wel 'cactus' in zijn naam, maar is eigenlijk een vetplant. Hij is inheems in West-Afrika, maar wordt ook aangetroffen in tropisch Azië en India. Zijn stengels hebben stekels, en de randen van de zij- en hoofdstengels zijn bezet door kleine blaadjes. De plant houdt van direct zonlicht en is dus perfect voor zonnige vensterbanken.

De Nederlandse naam, Afrikaanse melkboom, is een verwijzing naar het melkachtige sap dat in de stengels zit en naar de boomachtige groeiwijze. De plant groeit snel en dat is ook een deel van de lol. De Afrikaanse melkboom vraagt weinig verzorging. Stof hem regelmatig af om verstopte poriën vrij te maken. Hij heeft de neiging topzwaar te worden door zijn ondiepe wortels en zware stengels, dus ondersteun de plant zo nodig met stokken.

HOE HOUD JE ME GELUKKIG?

Licht
Ik houd van volop direct licht

Water
Laat me uitdrogen tussen twee gietbeurten door

Voor jouw welzijn
Ik kan je helpen ontspannen en je stemming verbeteren

Veiligheid
Houd me buiten bereik van huisdieren en kleine kinderen

Formaat
Tot 1,8 m

JO'S TOPTIP

Draag handschoenen als je met deze prikkende plant bezig gaat; vooral bij het snoeien, als het giftige melksap vrij kan komen dat huidirritatie opwekt.

Graslelie

CHLOROPHYTUM COMOSUM

Deze klassieke, bekende kamerplant komt van nature voor in de zuidelijke Pacific en Zuid-Afrika. De graslelie heeft opvallend bont blad dat aan siergras doet denken. Met de juiste zorg zal de graslelie kleine bloemen voortbrengen die uiteindelijk schattige babyplantjes opleveren! In het wild zijn er meer dan 200 soorten graslelies. Ze worden ongeveer 60 cm.

Dit is een kamerplant waar je heel weinig omkijken naar hebt, ideaal voor nieuwe plantenverzorgers of mensen met een druk leven. Zijn bladpunten kunnen bruin worden, maar dat is vrij normaal. Besproei hem regelmatig en knip hem zo nodig flink bij. Geen zorgen: hij groeit heel snel en zal in no time weer uitbundig over de potrand bungelen!

HOE HOUD JE ME GELUKKIG?

Licht
Ik houd van volop indirect licht

Veiligheid
Ik ben veilig voor mens en dier

Water
Geef water als de bovenste 5 cm grond droog aanvoelt

Formaat
Tot 60 cm

Luchtzuiverend
Ik verwijder de afvalstoffen in je kamer

JO'S TOPTIP

Zit je verlegen om cadeautjes? Zet dan eens een van zijn nakomelingen in een potje met water. Na 3 weken is hij klaar om in potgrond geplant te worden. Het perfecte presentje voor een geliefd iemand!

Schijfcactus
OPUNTIA MICRODASYS

De schijven van deze cactus lijken wel wat op konijnenoren met haarachtige stekels (glochiden); in het Engels heet hij dan ook Bunny Ear Cactus. De schijfcactus is inheems in Noord-Mexico en de woestijngebieden van Arizona. Het is een van de populairste niet-dood-te-krijgen planten die er bestaan. In het wild kan hij zich flink uitspreiden en een stuk grond van wel 60-150 cm bedekken – maar in huis zal dat niet snel gebeuren.

In tegenstelling tot wat nieuwe cactusverzorgers vaak denken, vereisen cactussen regelmatig water, tenminste in de zomer. Geef wel pas water als de grond uitgedroogd is. In de koelere maanden heeft hij vaak slechts om de 3-4 weken een lichte gietbeurt nodig. Draag altijd handschoenen als je met deze cactus aan de slag gaat, zodat de irriterende haartjes niet in contact komen met je huid.

HOE HOUD JE ME GELUKKIG?

Licht
Ik houd van volop indirect licht

Water
Geef water als de bovenste 5 cm grond droog aanvoelt

Voor jouw welzijn
Ik kan je helpen ontspannen en je stemming verbeteren

Veiligheid
Houd me buiten bereik van huisdieren en kleine kinderen

Formaat
Tot 60 cm

JO'S TOPTIP

Je verwacht het misschien niet, maar hij is leuk en makkelijk te vermeerderen; verwijder gewoon een van zijn oren en zet dat in potgrond voor een nieuwe cactus!

Croton

CODIAEUM VARIEGATUM

De opvallende croton, ook wel wonderstruik genoemd, trekt altijd de aandacht. Het is een natuurlijke blikvanger die oorspronkelijk in Azië en de westelijke Pacific voorkomt. De meeste mensen vallen voor zijn bonte kleurpatronen, interessante vormen en glanzende bladeren in herfsttinten.

De croton kan wel gevoelig reageren op verandering – zet hem na het verpotten op dezelfde plek in je huis. Deze plant houdt van constant vochtige (maar niet doorweekte!) grond en een regelmatige sproeibeurt. Een zeker teken van een dorstige croton zijn slaphangende bladeren. De plant is een zonaanbidder, dus zet hem op je lichtste kamer op het zuiden; hij verdraagt zelfs wat direct zonlicht.

HOE HOUD JE ME GELUKKIG?

Licht
Ik houd van volop indirect licht en verdraag ook deels direct zonlicht

Veiligheid
Houd me buiten bereik van huisdieren en kleine kinderen

Water
Ik houd van constant vochtige grond

Formaat
Tot 1 m

Luchtzuiverend
Ik verwijder de afvalstoffen in je kamer

JO'S TOPTIP
De leerachtige bladeren verlangen een regelmatige afstofsessie om hun poriën vrij te houden en een gezonde groei te bevorderen.

Olifantspoot

BEAUCARNEA RECURVATA

De olifantspoot is inheems in Mexico. Hij is goed bestand tegen droge, dorre grond en heeft het vermogen het water in zijn stam vast te houden. Die stam heeft hem ook zijn Nederlandse naam bezorgd. Zijn lange, slappe bladeren die uit de bovenkant groeien lijken wel wat op een paardenstaart; zijn Engelse naam Ponytail Palm verwijst daarnaar.

Het is een heel vergevingsgezinde plant die wel 2-3 weken zonder water kan – niet dat ik je zou willen aanraden je plant te verwaarlozen! Onthoud wel dat hij in de winter een natuurlijke rustperiode ingaat en dan weinig tot geen water of voeding nodig heeft.

HOE HOUD JE ME GELUKKIG?

Licht
Ik houd van volop indirect licht en verdraag ook deels direct zonlicht

Water
Laat me uitdrogen tussen twee gietbeurten door

Voor jouw welzijn
Ik kan je helpen ontspannen en je stemming verbeteren

Veiligheid
Ik ben veilig voor mens en dier

Formaat
Tot 1,8 m

JO'S TOPTIP

De olifantspoot groeit van nature richting het licht, dus draai hem elke maand een kwartslag zodat hij gelijkmatig groeit.

Pilosocereus

PILOSOCEREUS CHRYSOSTELE

Deze Braziliaanse cactus staat bekend om zijn blauwe huid en fijne haren. Hij lijkt qua verschijning op een boom en krijgt, als hij bloeit, buisvormige bloemen. In het wild kan deze cactus wel 3 meter hoog worden. Het is echter een zonaanbidder: hoe lichter de plek, hoe beter!

Deze snelgroeiende cactus heeft een goede drainage nodig zodat hij niet in water blijft staan. In Brazilië groeit hij in een warme, tropische omgeving. Als je de cactus beschermt tegen kou en niet te veel water geeft, stelt hij je niet voor problemen.

HOE HOUD JE ME GELUKKIG?

Licht
Ik houd van volop indirect licht

Veiligheid
Ik ben veilig voor mens en dier

Water
Geef water als de bovenste 5 cm grond droog aanvoelt

Formaat
Tot 3 m

Voor jouw welzijn
Ik kan je helpen ontspannen en je stemming verbeteren

JO'S TOPTIP

Voor het water geven raad ik bij deze plant de ijsblokjestruc aan: leg één keer per week een ijsblokje op de potgrond en dat zal geleidelijk smelten, waardoor de ideale hoeveelheid water vrijkomt.

Dracaena, draken-(bloed)boom

DRACAENA STEUDNERI

Deze dracaena komt oorspronkelijk voor in tropisch Afrika, waar hij vaak als decoratieve tuinplant wordt toegepast. Het is een fantastische luchtzuiveraar, ideaal voor slaapkamer en kantoor. Deze plant is lid van de *Asparagus*-familie en dankt zijn naam aan het Griekse *dracaena* ('vrouwelijke draak') omdat de rode hars in zijn stengels op drakenbloed zou lijken.

Deze drakenboom vindt het prettig als je zijn bladeren afneemt met een vochtige doek om stof te verwijderen en zijn poriën vrij te maken, waardoor hij beter kan ademen en groeien. Een regelmatige sproeibeurt stelt hij ook op prijs, want hiermee boots je zijn vochtige habitat na. Voor een vollere plant kun je hem snoeien tijdens het groeiseizoen (van april tot september).

HOE HOUD JE ME GELUKKIG?

Licht
Ik houd van volop indirect licht, maar verdraag ook schaduw

Veiligheid
Houd me buiten bereik van huisdieren en kleine kinderen

Water
Geef water als de bovenste 5 cm grond droog aanvoelt

Formaat
Tot 1,8 m

Luchtzuiverend
Ik verwijder de afvalstoffen in je kamer

JO'S TOPTIP

Het draait allemaal om de bladeren bij deze plant. Die kunnen verkleuren als je te veel water geeft, en van te weinig water kunnen de randen omkrullen.

Schoonmoeders-stoel

ECHINOCACTUS GRUSONII

De schoonmoedersstoel is inheems in Mexico, waar hij in het wild inmiddels bedreigd wordt. Deze opvallende cactus is bolrond en perfect rond als hij jong is. Hij heeft diepe ribben met lange, crèmekleurige stekels die groeien naarmate hij ouder wordt. Of dat een geschikte stoel voor jouw schoonmoeder is, laat ik in het midden! De cactus groeit uitermate traag. Hij kan 50 cm hoog worden, maar dat kan wel 20 jaar duren!

Net als de meeste andere cactussen vraagt deze plant weinig onderhoud. Hij kan uit de voeten met een plek in de volle zon. Geef in de warmere maanden water als de bovenste 5 cm grond uitgedroogd is. Geef in de wintermaanden aanzienlijk minder en onthoud de gouden regel: van te veel water gaat de wortel rotten, dus minder is meer, ofwel minder is beter...

HOE HOUD JE ME GELUKKIG?

Licht ☼	**Veiligheid** ⚠
Ik houd van volop indirect licht	Ik ben veilig voor mens en dier
Water 💧	**Formaat** ↗
Laat me uitdrogen tussen twee gietbeurten door	Tot 50 cm
Voor jouw welzijn ♡	
Ik kan je helpen ontspannen en je stemming verbeteren	

JO'S TOPTIP
Gebruik een oud penseel om stof en spinnenwebben te verwijderen – met een stofdoek gaat dat erg lastig!

Dieffenbachia

DIEFFENBACHIA CAMILLA

De dieffenbachia komt van nature voor in de jungle van Brazilië. Het is een plant die weinig verzorging nodig heeft. Hij is herkenbaar aan zijn grote centrale stengel met prachtige ovale, bonte bladeren in tinten crème, geel en groen. Zijn bladeren bevatten een giftige stof die bij inname je stembanden tijdelijk kunnen verlammen, maar laat je hierdoor niet ontmoedigen: zet de plant gewoon op een plek waar kleine handjes en dieren er niet bij kunnen.

Kijk uit dat je deze plant niet te veel water geeft. De grond moet vochtig zijn, maar niet doorweekt, Geef in de wintermaanden minder water. Af en toe sproeien maakt dat de plant er op zijn best blijft uitzien. Voeg nog een maandelijkse stofbeurt toe om zijn poriën open te houden. Keer hem regelmatig voor een gelijkmatige groei en je zult een tevreden plant hebben!

HOE HOUD JE ME GELUKKIG?

Licht
Ik houd van volop indirect licht

Water
Geef water als de bovenste 5 cm grond droog aanvoelt

Luchtzuiverend
Ik verwijder de afvalstoffen in je kamer

Veiligheid
Houd me buiten bereik van huisdieren en kleine kinderen

Formaat
Tot 1,5 m

JO'S TOPTIP

De onderste bladeren kunnen nu en dan geel worden. Dat is volkomen normaal. Haal ze er eventueel af zodat je plant er geen energie aan verspilt.

Haworthia

HAWORTHIA

Deze schattige en compacte cactus wordt gekenmerkt door dikke, rozetvormige bladclusters en witte vlekken. Komt de plant je bekend voor? Sommigen vinden haworthia's op aloë vera's lijken. Ze zijn allemaal verwant en onderdeel van de affodilfamilie (Asphodelaceae).

Deze plant is genoemd naar Britse botanicus Adrian Hardy Haworth. Hij is heel simpel te vermeerderen als je je eigen collectie haworthia's wilt uitbreiden (zie blz. 28). Deze plant, inheems in Zuid-Afrika, stelt nauwelijks eisen aan de verzorging. Je komt zelfs weg met slechts één keer in de maand water geven; wacht anders tot de grond uitgedroogd is. Geef alleen geen water over de bladrozet, want daar kan hij van slag van raken. Giet in plaats daarvan meteen over de grond. Hij verdraagt ook af en toe direct zonlicht.

HOE HOUD JE ME GELUKKIG?

Licht
Ik houd van volop indirect licht

Veiligheid
Ik ben veilig voor mens en dier

Water
Laat me uitdrogen tussen twee gietbeurten door

Formaat
Tot 20 cm

Voor jouw welzijn
Ik kan je helpen ontspannen en je stemming verbeteren

JO'S TOPTIP
Deze cactus groeit langzaam, maar niet getreurd: als je hem goed behandelt, kan hij hartje zomer bloemen produceren.

Lepelplant
SPATHIPHYLLUM

De lepelplant ziet er fantastisch en tegelijk sereen uit en is daarmee een echte allrounder. Je verwacht misschien dat hij een lastpak is qua verzorging, afgaand op zijn bijzondere uiterlijk; maar hij stelt juist weinig eisen en is volgens de NASA een van de beste luchtzuiveraars.

Volgens de Chinese kunst van feng shui kan een lepelplant de energie in je kamer reinigen en vrede en rust naar je huis brengen. Als je hem veel licht geeft, word je mogelijk beloond met een snelle groei. Wanneer zijn bladeren beginnen te hangen, geef je een slok water en zullen ze zich in no time weer oprichten.

De lepelplant is het gelukkigst in badkamers, waar de luchtvochtigheid aanvoelt als thuis in de jungle.

HOE HOUD JE ME GELUKKIG?

Licht
Ik houd van volop indirect licht

Water
Geef water als de bovenste 5 cm grond droog aanvoelt

Luchtzuiverend
Ik verwijder de afvalstoffen in je kamer

Veiligheid
Houd me buiten bereik van huisdieren en kleine kinderen

Formaat
Tot 60 cm

JO'S TOPTIP
Geen paniek als de bladeren of bloemen van je lepelplant verwelken – verwijder ze gewoon om nieuwgroei te stimuleren.

Crassula

CRASSULA MARNIERIANA

Deze bijzondere vetplant heeft strak 'gestapelde' blaadjes met roze gekleurde randen. Hij is inheems in Zuid-Afrika en Mozambique en is een echte eyecatcher. Het is een unieke toevoeging aan je groene familie.

Met deze plant heb je geen last meer van de winterblues, want hij kan in de koudere maanden stervormige bloemetjes produceren. Hij ziet er fantastisch uit als hangplant.

De crassula vraagt weinig verzorging aangezien hij water in zijn stengels vasthoudt, wat hem ideaal maakt voor beginners. Hij heeft heel weinig water nodig; je kunt de grond het best laten uitdrogen voordat je weer water geeft.

HOE HOUD JE ME GELUKKIG?

Licht ☼
Ik houd van volop indirect licht en verdraag ook deels direct zonlicht

Veiligheid ⚠
Houd me buiten bereik van huisdieren en kleine kinderen

Water ◊
Laat me uitdrogen tussen twee gietbeurten door

Formaat ↗
Tot 20 cm

Voor jouw welzijn ♡
Ik kan je helpen ontspannen en je stemming verbeteren

JO'S TOPTIP

In het algemeen verdraagt de crassula een pot vol wortels, dus kan hij jaren in dezelfde pot blijven staan.

Calathea

CALATHEA RUFIBARBA

Deze calathea is inheems in tropisch Amerika. Het is een prachtige plant met opvallende, smalle bladeren met een geschulpt randje, vanboven diepgroen en vanonder donkerpaars. Die onderkant is ook nog eens elegant fluweelachtig.

Deze plant ziet er niet alleen bijzonder uit, hij heeft ook geweldige luchtzuiverende eigenschappen, perfect voor je kantoor of slaapkamer. In volgroeide staat kan deze calathea 1 meter hoog worden. Dat is te groot voor je bureau, dus misschien kun je hem beter meteen een plekje op de vloer geven.

Verder houdt deze plant van een vochtige omgeving, dus is regelmatig sproeien belangrijk. Veeg de bladeren af en toe schoon met een vochtige doek. Houd de grond vochtig maar niet doorweekt; laat hem liever niet volledig uitdrogen. Geef in de wintermaanden zo min mogelijk water.

HOE HOUD JE ME GELUKKIG?

Licht
Ik houd van volop indirect licht

Veiligheid
Ik ben veilig voor mens en dier

Water
Ik houd van constant vochtige grond

Formaat
Tot 1 m

Luchtzuiverend
Ik verwijder de afvalstoffen in je kamer

JO'S TOPTIP

Merk je dat de bladranden bruin worden, verhoog de luchtvochtigheid dan. Je kunt dit eenvoudig doen door je tropische planten bij elkaar te zetten zodat ze hun eigen microklimaat creëren.

Philodendron

PHILODENDRON SCANDENS

Er zijn een heleboel redenen om verliefd te worden op deze plant! Ten eerste om zijn romantische, hartvormige bladeren. Ten tweede is zijn botanische naam *philo*; dit kan worden vertaald met 'liefdevol' in het Grieks, en *dendron* betekent 'boom', dus is het letterlijk een liefdevolle boom.

Er zijn 489 verschillende *Philodendron*-soorten. Een hele klus dus als je ze allemaal zou willen verzamelen... Dit is een snelgroeiende plant, die je probleemloos kunt bijknippen zodra de ranken te lang worden. Geen zorgen als de nieuwe bladeren een beetje bleek lijken – ze worden mettertijd donkerder.

Dit is een sterke, makkelijk te verzorgen kamerplant. Hij heeft wel baat bij af en toe een sproeibeurt om zijn poriën open te houden. Geef hem rijkelijk water en besproei hem regelmatig; wacht wel tot de grond volledig droog is voor je weer giet.

HOE HOUD JE ME GELUKKIG?

Licht
Ik houd van volop indirect licht

Luchtzuiverend
Ik verwijder de afvalstoffen in je kamer

Water
Geef water als de bovenste 5 cm grond droog aanvoelt

Veiligheid
Houd me buiten bereik van huisdieren en kleine kinderen

Formaat
Tot 1,5 m

JO'S TOPTIP

Ranken kun je onder een bladknop afknijpen om een vollere groei te bevorderen. Het verwijderde stuk is als stek te gebruiken.

Dracaena, draken-(bloed)boom

DRACAENA MARGINATA

Perfect voor nieuwe plantenverzorgers, en een van de makkelijkste bomen voor binnenshuis: deze plant overleeft nog in de donkerste hoeken van je kamer. Niettemin raden we je aan om hem op een centrale plek in je kamer te zetten, want het is een echte blikvanger!

    Hoewel de drakenboom groot kan worden, is het een langzame groeier, dus verwacht na aanschaf geen al te grote veranderingen. Verder heeft hij geweldige luchtzuiverende eigenschappen; hij haalt gifstoffen uit de lucht.

    Betoon de drakenboom je liefde met een hoge luchtvochtigheid. Geef hem net als de vorige plant rijkelijk water en besproei hem regelmatig; wacht wel tot de grond volledig droog is voor je weer giet.

HOE HOUD JE ME GELUKKIG?

Licht
Ik houd van volop indirect licht

Water
Geef water als de bovenste 5 cm grond droog aanvoelt

Luchtzuiverend
Ik verwijder de afvalstoffen in je kamer

Veiligheid
Houd me buiten bereik van huisdieren en kleine kinderen

Formaat
Tot 1,8 m

JO'S TOPTIP
Van deze kamerplant is bekend dat hij zijn onderste bladeren laat vergelen en vallen terwijl hij groeit; dit is dus normaal. Knip ze eventueel voortijdig af zodat de plant zijn energie in groei kan steken.

Nestvaren

ASPLENIUM NIDUS CRISPY WAVE

Varens hebben een beetje de reputatie de diva's van de plantenwereld te zijn, maar laat je hierdoor niet afschrikken. Sterker dan de nestvaren bestaan ze bijna niet. Het is een echt blijvertje – het is namelijk een van de langstlevende potplanten die er bestaan! Hij is ideaal om de lucht in je huis te zuiveren. Bovendien ziet hij er prachtig uit met zijn golvende bladeren.

Deze nestvaren is een epifyt. In zijn habitat in Zuidoost-Azië groeit hij vooral op de takken van bomen in plaats van in aarde.

Draai deze plant regelmatig een slag voor een gelijkmatige groei. Ook doe je hem een plezier door regelmatig water over het blad te sproeien; of zet hem in de badkamer om hem de gewenste hoge luchtvochtigheid te geven dankzij de damp van je douche.

HOE HOUD JE ME GELUKKIG?

Licht
Ik houd van volop indirect licht

Water
Geef water als de bovenste 5 cm grond droog aanvoelt

Luchtzuiverend
Ik verwijder de afvalstoffen in je kamer

Veiligheid
Ik ben veilig voor mens en dier

Formaat
Tot 80 cm

JO'S TOPTIP

Plaats je nestvaren ten minste 1 meter van een hittebron of van tochtige ramen, anders zullen zijn bladeren, zoals zijn variëteitsnaam al aangeeft, *crispy* worden!

DEEL 3

Planten-SOS

EERSTE HULP
PLANTENTRUCJES
WOORDENLIJST

Eerste hulp

Te veel water

'Dood door een teveel aan liefde' – dat is vrij letterlijk van toepassing als je veel te veel water aan je planten geeft. Geen probleem als je een keer overijverig bent geweest: dat kun je oplossen door het teveel aan water weg te laten lopen en de grond de tijd te geven om weer goed op te drogen. Doe altijd even de vingertest (zie hiernaast) voor je water geeft. Zet de plant ook op een beschaduwde plek: krijgt een plant namelijk te veel water, dan kan het zijn dat hij het water niet naar de bovenste bladeren getransporteerd krijgt. Daardoor kan de bovenkant van de plant uitdrogen als je hem in direct zonlicht laat staan.

Bruine/uitgedroogde bladeren

Zien de bladeren van je plant er niet al te florissant uit, dan kan dit een teken zijn van een lage luchtvochtigheid. Het blad krult dan op en wordt dor. Kijk als dit gebeurt of je plant niet te dicht bij een hittebron staat, zoals een radiator, of bij koude, tochtige ramen. Besproei hem regelmatig met lauw water.

Bladval

Shock is de meest voorkomende oorzaak van bladval. Planten zijn gevoelige wezens, dus als je plots de omstandigheden waaraan ze gewend zijn, verandert (dit kan van alles zijn, van lichtval tot temperatuur) door ze op een andere plek te zetten, kunnen ze stress ervaren. Geen paniek, dit is slechts tijdelijk. Uiteindelijk, zodra je plant gewend is aan de nieuwe omstandigheden, zal hij weer gezond worden – zolang er aan zijn basisbehoeften voldaan wordt. Maar verplaats planten niet al te vaak.

Plant groeit niet

Het kan heel frustrerend zijn als je plant weinig doet. Wil je de groei bevorderen, kijk dan eerst eens of er aan zijn licht- en vochtbehoefte voldaan wordt. Te veel of te weinig van een van beide kan tot een verstoorde groei leiden. En welk seizoen is het? Je kunt de meeste groei verwachten in de zomermaanden, en in die periode mag je eventueel ook extra voeding geven. Een andere reden van gebrekkige groei kan zijn dat de wortels in een te krappe pot zitten. Tijd om te verpotten (blz. 24) dus!

Vliegjes

Zie je kleine vliegjes rond je plant cirkelen, maak je dan geen zorgen: dit is volkomen normaal, zeker als je een grote plantenfamilie hebt. Wil je ervan af, maak dan even een oplossing met afwasmiddel en warm water. Doe dit in een plantenspuit en besproei je planten er tweemaal per week mee; de vliegjes zouden na een dag of zeven verdwenen moeten zijn.

Spichtige, stakerige groei

Je droom is een sterke, weelderige plant, maar de realiteit is een stel kale, slungelige stengels – komt dat je bekend voor? Als je planten er zo uit gaan zien, is dat vaak te wijten aan een te snelle groei in de zoektocht naar een lichtbron. Je kunt dit corrigeren door te checken hoeveel licht je plant verlangt en zijn plek overeenkomstig bij te stellen. Knip de stengels vanaf begin lente bij om de groei in de breedte te stimuleren, zodat je plant voller terug groeit.

Vingertest voor gele bladeren

Bladeren die er eerder geel dan groen uitzien? Grote kans dat een verkeerd gietregime er de oorzaak van is! Dit kan zowel te veel als te weinig zijn. Een goede manier om de vochtbehoefte van je plant te controleren is door je vinger 5 cm diep in de bovenkant van de potgrond te steken en te voelen hoe droog of nat de grond is.

Wortels breken uit

SOS, we hebben een worteluitbraak! Als de plantenwortels uit de pot ontsnappen, is het zeker tijd om de plant in een grotere pot te zetten (blz. 24).

Kwijnende/hangende plant

Ziet je plant er een beetje zielig uit maar weet je niet waarom, kijk dan eens onder de 'motorkap': tik de binnenpot van de kluit en controleer de wortels. Zien die er wit en sterk uit, dan zijn ze gezond; zijn ze zwart en zacht, dan kan dat een teken van ziekte, overmatig water geven of een plaag zijn.

Plantentrucjes

Planten verzorgen kan soms best lastig zijn. Daarom is het handig om je te wapenen met deze geniale verzorgingstips om je groene familie zo nodig te helpen.

DE IJSBLOKJESTRUC Perfect voor degenen die hun planten nogal eens vergeten of gewoon een te druk leven hebben om op regelmatige basis aan het begieten van hun kamerplanten te denken. Leg een ijsblokje op het grondoppervlak – zorg alleen dat de bladeren er niet mee in contact komen. Het ijs zal langzaam smelten, waardoor de grond en plant geleidelijk vocht toegediend krijgen. Slim! Gebruik dit trucje voor planten die niet veel water nodig hebben: reken per week één ijsblokje voor kleine planten die op je bureau staan, en twee of drie blokjes voor grotere.

DE SATÉPRIKKER-TRUC De bescheiden satéprikker kan je helpen ontcijferen of je plant water nodig heeft. Steek het stokje in de potgrond; als het eruit komt met gronddeeltjes eraan, is hij vochtig genoeg. Als het er schoon uit komt, is het giettijd! Het is vergelijkbaar met het checken (met een prikker of mes) of je cake gaar is aan het einde van de baktijd.

DE SPONSJESTRUC Met keukensponsjes kun je meer dan alleen afwassen! Leg de volgende keer dat je je plant verpot een sponsje op de bodem van de pot, voordat je er grond op legt. Hier zal het al het overtollige water absorberen en het werkt als een klein reservoir, dat je plantenwortels hydrateert. Een geweldig trucje voor als je je dorstige planten steeds weer vergeet!

WATER GEVEN VAN ONDERAF

Wanneer je planten water nodig hebben (zie de vingertest op blz. 121), kun je ze dat het best van onderaf laten absorberen. Doe een paar centimeter water in een plantenschotel. Zet je plant erop zodat hij het water kan absorberen via de bodem en door de grond. Wacht zo'n 30 minuten, of tot de grond bovenaan vochtig aanvoelt. Dit houdt de wortels gelijkmatig vochtig.

REGENWATER

Je planten begieten met regenwater is een geweldige manier om hun gezondheid te bevorderen. Regenwater is 'zachter' dan wat er uit je kraan komt en is daarom in het algemeen minder schadelijk voor je planten. Er zit ook meer zuurstof in en daar hebben je planten ook profijt van.

KIEZELSCHOTEL

Leg om de luchtvochtigheid te verhogen kiezels of keitjes in een plantenschotel. Voeg water toe, maar zorg dat er nog kiezels boven uitsteken, zodat je plant niet in het water blijft staan. Vul aan met water zodra het opdroogt – simpel!

Woordenlijst

EPIFYT

Deze term verwijst naar plantensoorten die eerder op andere planten groeien dan in aarde. Deze planten houden zichzelf bijvoorbeeld vast aan boomtakken. Meestal absorberen ze water met hun bladeren of met speciaal aangepaste wortels. Planten zijn echt slimmerds!

FAMILIE

Een familie is een groep plantengeslachten met een aantal dezelfde botanische kenmerken, zoals dezelfde bloemvorm. Simpel gezegd worden planten onderverdeeld in ordes > families > geslachten > soorten > variëteiten. Er wordt 'familie' bedoeld als de Latijnse naam eindigt op het suffix 'aceae' of 'ae', zoals Araceae.

GESLACHT

Plantengroep met dezelfde kenmerken; het geslacht wordt weer onderverdeeld in soorten.

LUCHTVOCHTIGHEID

Luchtvochtigheid is de relatieve hoeveelheid water die verdampt in de lucht. Zodra de temperatuur stijgt, neemt de luchtcapaciteit om water te verdampen toe, wat de badkamer tot een ideale ruimte maakt voor tropische planten. Boots de vochtige omstandigheden na voor je tropische planten door een plantenspuit te gebruiken of door een groep vergelijkbare planten bij elkaar te zetten om een geschikt microklimaat te creëren.

LUCHTZUIVEREND

Luchtzuiverende planten zijn geweldig omdat ze schadelijke stoffen uit de atmosfeer absorberen, waardoor de lucht die je inademt schoner wordt.

ROBUUST, STERK

Een ander woord voor 'niet dood te krijgen'! Planten die sterk zijn, verdragen moeilijke groeiomstandigheden, zoals droogte, schaduw of tocht.

RUSTFASE

Dit is het plantenequivalent van energie besparen. Je groene huisgenoot gaat in deze fase een tandje trager. Dat is meestal tijdens de koudere wintermaanden, wanneer ze minimale activiteit of groei laten zien. Het is heel normaal en gezond – zie het als een winterslaap.

SNOEIEN

Om een plant te snoeien knip je hem terug en verwijder je wat van zijn bladeren om een gezonde groei te bevorderen (blz. 26). Doe dit zodra je plant dit nodig heeft of om hem in vorm te houden – voordat hij je hele huis overneemt!

SPICHTIG, STAKERIG

Als je plant wat slungelig en kaal wordt in plaats van lekker bossig met veel dicht op elkaar groeiende bladeren is hij toe aan een snoeibeurt (blz. 26). Zet hem daarna wat dichter bij de lichtbron voor een weelderige hergroei.

VERMEERDEREN

Vegetatief vermeerderen is een ongeslachtelijke aangelegenheid; door een top of stengel van een bestaande plant af te knippen (stekken) kun je een babyplantje produceren dat genetisch identiek is aan de moederplant (blz. 28). Hiermee bespaar je tegelijk geld en het geeft veel voldoening om een miniversie aan de praat te krijgen.

VERPOTTEN

Afhankelijk van zijn groeisnelheid kun je een plant het best om de 1-2 jaar verpotten (blz. 24). Je bloeiende plant heeft mogelijk ook een grotere pot nodig om tot bloei te komen. Soms is verpotten naar een grotere pot niet nodig, maar is het verversen van de grond in de bestaande pot al voldoende (wat heel gewoon is als je plant een langzame groeier is). De nieuwe potgrond zal zorgen voor verse voedingsstoffen. Verpotten en verversen zijn allebei essentieel om je planten gezond te houden.

Dankwoord

Enorm veel dank aan Phillipa voor haar adviezen bij al mijn plantengrillen – haar geduld en humor zijn essentieel geweest voor het creëren van dit boek (en ze is ook nog een prima handmodel – zie blz. 9!).

Dank aan Jemma en Kay, die ervoor zorgden dat onze planten er bij elke fotoshoot fantastisch uitzagen; bloed, zweet, gelach en af en toe een therapeutische sessie maken hen tot een dreamteam om mee te werken.

Dank aan Kate voor al haar harde werk om dit boek tot leven te wekken – jouw ideeën en steun betekenen veel voor mij.

En heel veel dank aan Luke, mijn partner in werk en leven – er is niemand met wie ik liever samen onze plantenkindjes verzorg.

En het allerbelangrijkste: dank aan mijn moeder, die mij als kind meetroonde naar allerlei tuinshows en me mijn eerste vetplant toevertrouwde – wie had nou kunnen bedenken dat ik net zulke groene vingers zou krijgen als jij?! X

Over Jo Lambell

Jo Lambell is de oprichter van Beards & Daisies, een van de grootste kamerplantenwebshops in het VK. Na een decennium aan Columbia Road te hebben gewoond en vanuit haar woonkamerraam vele mensen te hebben zien worstelen op de parkeerplaats en op straat in het centrum met hun net aangeschafte rubberboom of vioolbladplant, nam ze afscheid van haar carrière in de bestuurswereld en werd het haar missie om de aanschaf van kamerplanten makkelijk te maken. Na het doorlopen van de tuinbouwschool begon Jo kamerplanten naar de massa te brengen en deelde ze haar expertise met haar klanten en de media. Ze is van mening dat er voor iedereen een perfecte plant bestaat en dat we allemaal ten minste een of twee groene vingers hebben.

Oorspronkelijke titel: *The Unkillables*
Oorspronkelijke uitgever: OH Editions,
onderdeel van Welbeck Publishing Group

Ontwerp © 2022 OH Editions
Tekst © 2022 Jo Lambell
Fotografie © 2022 Jemma Watts

Voor de Nederlandstalige uitgave:
© 2022 Fontaine Uitgevers, Amsterdam
www.fontaineuitgevers.nl

Vertaling: Renate Hagenouw/Vitataal
Redactie en productie: Vitataal, Feerwerd
Opmaak: Indruk Grafisch Ontwerp, Soest

ISBN 978 94 6404 184 2

NUR 420

Alle rechten voorbehouden. Niets uit
deze uitgave mag worden verveelvoudigd,
opgeslagen in een geautomatiseerd
gegevensbestand of openbaar gemaakt
door middel van druk, fotokopie, microfilm,
elektronisch databestand of op welke andere
wijze ook, zonder voorafgaande schriftelijke
toestemming van de uitgever.

Deze uitgave is met de grootst mogelijke
zorgvuldigheid samengesteld. Noch de
maker, noch de uitgever stelt zich echter
aansprakelijk voor eventuele schade als
gevolg van eventuele onjuistheden en/of
onvolledigheden in deze uitgave.